高等学校应用技术型经济管理系列教材（会计系列）

高等学校应用型经济管理规划教材

总主编／李　雪　主审／徐国君

税法学习指导书

Study Guide to Tax Law

（第四版）

任文艳◎主　编

陈　莎　张　燕◎副主编

立信会计出版社

LIXIN ACCOUNTING PUBLISHING HOUSE

图书在版编目(CIP)数据

税法学习指导书 / 任文艳主编. — 4版. — 上海 : 立信会计出版社, 2021.7(2023.1重印)

高等学校应用技术型经济管理系列教材. 会计系列

ISBN 978-7-5429-6861-6

Ⅰ. ①税… Ⅱ. ①任… Ⅲ. ①税法—中国—高等学校—教学参考资料 Ⅳ. ①D922.22

中国版本图书馆CIP数据核字(2021)第119613号

策划编辑　方士华
责任编辑　方士华
封面设计　南房间

税法学习指导书(第四版)

SHUFA XUEXI ZHIDAOSHU

出版发行	立信会计出版社		
地　　址	上海市中山西路2230号	邮政编码	200235
电　　话	(021)64411389	传　　真	(021)64411325
网　　址	www.lixinaph.com	电子邮箱	lixinaph2019@126.com
网上书店	http://lixin.jd.com		http://lxkjcbs.tmall.com
经　　销	各地新华书店		

印　　刷	常熟市华顺印刷有限公司	
开　　本	787毫米×1092毫米	1/16
印　　张	12	
字　　数	300千字	
版　　次	2021年7月第4版	
印　　次	2023年1月第2次	
书　　号	ISBN 978-7-5429-6861-6/D	
定　　价	36.00元	

总　序

教材是高校实现人才培养目标的重要载体，教材及教材建设对高校发展具有举足轻重的作用。与培养模式相对应的教材是培养合格人才的基本保证，是实现培养目标的重要工具。由于历史的原因，在财经类教材的出版方面，相关出版社出版研究型本科或者高职高专、中等职业等层次的教材较多，应用型本科教材较少。虽然近年来也出版了一些应用型本科教材，但总体而言，这些教材还是缺乏权威性、普适性、实用性、创新性。造成这种状况的原因主要在于：出版社对财经类应用型本科教材的出版还不够重视，没有进行有效的组织；财经类应用型本科院校多为新建院校，教材建设相对滞后，主观上也较愿意使用研究型本科教材；在教材使用中存在比较严重的混用现象，教材目标读者群不明确，如不少教材既适用于研究型本科又适用于应用型本科，或者既适用于本科院校又适用于高职高专院校。

由于目前财经类应用型本科教材种类和数量匮乏或质量欠佳，财经类应用型本科不得不沿用传统研究型教材。这些教材本身的质量很好、级别很高，但是并不适用于应用型本科的教学，教师和学生普遍反映不好用。即使在全国范围看，也还没有相对成套、成熟的适合财经类应用型本科的教材。现有教材存在的主要问题包括：①教材的定位和要求较高；②教材的内容多、难度大；③教材着重于理论解释，相关案例、实训等内容较少，缺乏普适性、实用性。

与此同时，信息技术的快速发展使学生的学习习惯和阅读习惯发生了改变，不断朝个性化、自主学习的方向发展，传统的单一纸质教材已经无法适应这种变化。翻转课堂、慕课、微课等网络课程的兴起，混合式教学的不断推进，也对立体化教材建设提出了新的要求。教材作为一种课堂上的教学工具，一种传播媒介，理应顺势而为，随课堂形式、学生学习方式的改变而改变，朝着数字化、立体化、可视化的方向发展。因此，需要编写适应学生水平、便于学生接受的立体化财经类应用型本科教材。

我们组织具有多年应用型人才培养经验的优秀教师和实务界专家编写了这套教材。本套系列教材有《会计基本技能》《出纳实务》《基础会计》《中级财务会计》《成本会计》《管理会计》《会计信息系统》《财务管理》《审计学》《高级财务会计》《商业分析》《税法》《经济法》《金融学》等构成。为了保证教材的质量，本套教材聘请了知名高校的专家教授进行专门指导和审核。每本教材至少有一名本学科的知名专家或学科带头人提出审核指导意见，至少有一名高等院校教学一线的高级职称教师组织编写，至少有一名行业协会、实务界专家或教学研究机构人员提出编写建议。

本系列教材的特色如下。

1. 应用性

应用型本科的教材建设应坚持培养应用型本科人才的定位，充分吸收和借鉴传统的普通本科教材与高职高专类教材建设的优点和经验，以就业为导向，做到理论上高于高职高专类教材、动手能力的培养上高于传统的本科院校教材。本系列教材体现了应用型本科的定位，体现了素质教育和“以学生发展为本”的教育理念，遵循了高等教育教学基本规律，重视知识、能力和素质的协调发展，根据应用型人才培养模式对学生的创新精神、实践能力和适应能力的要求，在内容选材、教学方法、学习方法、实验和实训配套等方面突出了应用性特征。

2. 针对性

本系列教材的编写符合会计学、财务管理和审计学等专业的培养目标、培养需求、业务规格和教学大纲的基本要求，与各专业的课程结构和课程设置相对应，与课程平台和课程模块相对应。教材在结构纵横的布局、内容重点的选取、示例习题的设计等方面符合教改目标和教学大纲的要求，把教师的备课、试讲、授课、辅导答疑等教学环节有机的结合起来。

3. 立体化

本系列教材为立体化教材，实现了由传统纸质教材向“纸质教材＋数字资源”的转变，通过技术手段将晦涩难懂的理论知识转变为直观的具体知识，以立体化、数字化的方式呈现，包括图文、动画、音频、视频等多种形式，生动、有趣且易懂，不仅可以激发学生的学习兴趣，还有利于教学效果的提升。

4. 趣味性

本系列教材聚焦注重趣味性，使用了大量的例题和案例，每章都加入了“思政育人”“相关思考”“延伸阅读”“扫一扫 练一练”等内容，使读者能够加深理解，便于掌握相关内容。在案例、例题等的设计选用上重点突出趣味性，易于引发读者的共鸣。

5. 先进性

本系列教材反映了应用型会计人才教育教学改革的内容，能够反映学科领域的新发展。教材的整体规划、每一种教材构造等均体现了创新性。教材还强调了系列配套，包括了教材、学习参考书、教学课件等。立体化教材在内容修订上更具有明显优势，线上资源可以随时根据政策法规、理论知识或工作实务等的变化进行调整，更有利于保持教材内容的先进性。

6. 基础性

本系列教材将打破传统教材自身知识框架的封闭性，尝试多方面知识的融会贯通，注重知识层次的递进，体现每一门科目的基本内容，同时在具体内容上突出实际运用能力，做到“教师易教，学生乐学，技能实用”。

7. 易于自学

自学能力是大学生的一项基本能力。学生只有具备了自主学习的能力，才能最终建立起终身学习的保障体系，这也是应用型本科人才培养的客观要求。应用技术型高校的生源素质与普通高校相比存在一定的差距，除一部分系高考发挥失误的学生外，有一部分学生在学习习惯、基础知识等方面存在一定的欠缺，这要求通过教材要调动这部分学生的学习积极性，在理论方面尽量通俗易懂，在实践方面尽量采用案例式教学。为了有利于学生课后自主学习，本系列教材配套了学习指导书和教学课件。

因此，本系列教材的定位准确，特色明显，适用于应用型本科院校教学，容易得到学生和市场的认可，便于学生的自学和教师的教学。

高等学校应用型经济管理系列教材(会计系列)凝聚了众多领导、教授和专家多年来的经验和心血。当然，由于我们的经验和人力有限，教材中难免存在不足，我们期待着各位同行、专家和读者的批评指正。我们将伴随着经济发展和会计环境的变迁不断修订教材，以便及时反映学科的最新发展和人才培养的最新变化。

本系列教材自 2014 年出版后，得到众多高校、学生和市场的认可，深受广大读者欢迎。为了更好地回馈读者，本系列教材从 2017 年起启动第二版的修订工作，2019 年启动第三版的修订工作，2021 年启动第四版的修订工作。各种教材的修订版将陆续出版。我们会一如既往地做好教材修订和相关服务工作，希望广大读者对本套系列教材继续给予支持。

李　雪

2021 年 6 月

第四版前言

本书是高等学校应用技术型经济管理系列教材《税法》教材的配套学习指导书，具有应用性、针对性、先进性、基础性、易于自学性的特点。本书既可作为高等财经院校税法教学的辅助教材，也可作为企业管理人员学习税法的参考用书。

本书根据《税法》教材及教学大纲的要求，设计了各章重点与难点的提炼讲解，在讲解的过程中配有相关典型例题。讲解完毕，每章配有练习题并提供了相应的参考答案。

《税法学习指导书》分为四个部分：第一部分为“学习指导及思考与练习”，下设“本章基本内容框架”“重点、难点讲解及典型例题”“思考与练习”；第二部分为“思考与练习参考答案”；第三部分为“案例分析及参考答案”；第四部分为“模拟试题及参考答案”。

本书具有以下特点：

（1）本书吸收了最新的理论知识和税收法规内容，体现了我国税制改革的最新动态，讲解内容新颖。

（2）理论精练，习题的设计突出理论联系实际，体现实际操作能力，即重视知识、能力和素质的协调发展。

（3）例题循序渐进，注重能力培养。将理论知识和税务处理相结合，使学生通过练习能更多地接触税务实务，提高分析和解决问题的能力。

（4）注重对重点难点的讲解，借助图、表等工具进行讲解，图文并茂，通俗易懂。

（5）习题形式多样。既有客观题，也有大量的案例题和业务题，涵盖面广，可以考查学生综合分析和解决问题的能力。

（6）重视对知识点的总结，并运用知识点对比的方式以便读者掌握记忆。

本书由任文艳主编，陈莎、李小林为副主编，徐伟丽、陈德英、马俊云为编者。具体分工如下：第一章税法总论（徐伟丽），第二章增值税法（陈莎、张燕），第三章消费税法（陈莎），第四章关税法（李小林），第五章特定目的税类（任文艳），第六章资源税类（陈德英），第七章财产行为税类（马俊云、张燕），第八章企业所得税法（任文艳），第九章个人所得税法（陈莎），第十章税收征收管理法（任文艳）。

本书在编写的过程中参考了大量相关教材和论著，在此向有关作者致以深深的谢意！

在本书的编写过程中，编者多次讨论研究，力求内容编排合理、避免错误，但难免存在考虑不周、表达不妥当的地方。书中疏漏不足之处，敬请读者批评指正。

编　者

2021 年 6 月

目　录

第一部分　学习指导及思考与练习

第二部分　思考与练习参考答案

第三部分　案例分析及参考答案

第四部分　模拟试题及参考答案

第一部分　学习指导及思考与练习

第一章　税 法 总 论

本章基本内容框架

- 税收的概念
  - 税收的主体是国家
  - 税收的目的是满足社会公共需要
  - 税收实现的依据是政治权利
  - 税收是国家取得财政收入的一种重要工具
  - 税收具有无偿性、强制性和固定性的形式特征
- 税法的概念
  - 税法的概念
  - 税收法律关系
    - 税收法律关系的构成
      - 税收法律关系的主体
      - 税收法律关系的客体
      - 税收法律关系的内容
    - 税收法律关系的产生、变更与消灭
    - 税收法律关系的保护
  - 税收立法与实施
    - 税收立法
    - 税法的实施
  - 税法的构成要素
    - 纳税义务人
    - 征税对象
    - 税率
    - 其他
- 税收立法与实施
  - 税收立法
  - 税法的实施
- 我国现行税法体系
  - 税收实体法
  - 税收程序法
- 税收征收管理
  - 税务机构设置
  - 税收征收管理范围划分

重点、难点讲解及典型例题

一、税收的概念

税收是政府为了满足社会公共需要，凭借政治权力，强制、无偿地取得财政收入的一种形式。

税收的内涵从以下几方面把握：

（1）税收的主体是国家。

（2）税收是国家取得财政收入的一种重要工具，其本质是一种分配关系。

（3）国家征税的依据是政治权利，它有别于按要素进行的分配。

（4）国家征税的目的是满足社会公共需要。

（5）税收具有无偿性、强制性和固定性的形式特征。

二、税收法律关系

税收法律关系包括三方面内容：税收法律关系的构成；税收法律关系的产生、变更与消灭；税收法律关系的保护（见表1-1）。

表1-1　　税收法律关系的内容

税收法律关系的构成	主体	一方是代表国家行使征税职责的各级税务机关、海关
		另一方是履行纳税义务的单位和个人（按照属地兼属人的原则确定）
	客体	即征税对象
	内容	是权利主体所享有的权利和所应承担的义务，是税收法律关系中最实质的东西，也是税法的灵魂
税收法律关系的产生、变更和消灭	由税收法律事实来决定 税收法律事实分为税收法律事件和税收法律行为	
税收法律关系的保护	税收法律关系的保护对权利主体双方是平等的，对权利享有者的保护就是对义务承担者的制约	

【例题1·单项选择题】 下列关于税收法律关系的表述中，正确的是（　　）。

A. 税法是引起法律关系的前提条件，税法可以产生具体的税收法律关系

B. 税收法律关系中权利主体双方法律地位并不平等，双方的权利义务也不对等

C. 代表国家行使征税职责的各级国家税务机关是税收法律关系中的权利主体之一

D. 税收法律关系总体上与其他法律关系一样，都是由权利主体、权利客体两方面构成

【答案】 C

【解析】 选项A，税法是引起税收法律关系的前提条件，但税法本身并不能产生具体的税收法律关系；选项B，税收法律关系中权利主体双方法律地位平等；选项D，税收法律关系在总体上与其他法律关系一样，都是由权利主体、客体和法律关系内容三方面构成的。

三、税法的构成要素

税法的构成要素一般包括总则、纳税义务人、征税对象、税率、纳税环节、纳税期限、纳税地点、减税免税、罚则、附则等项目。

1. 纳税人

(1) 含义：是指税法规定的直接负有纳税义务的单位和个人。

(2) 范围：自然人和法人；居民纳税人和非居民纳税人。

- 纳税人
  - 负税人：
    - 一致：直接税（如所得税）
    - 不一致：间接税（如流转税）
  - 扣缴义务人（≠纳税人）
    - 代扣代缴 —支付款项 / 扣税→ 纳税人（如个人所得税）
    - 代收代缴 —收取款项 / 收税→ 纳税人（如消费税）

2. 征税对象（即纳税客体）

(1) 含义：是指税法规定对什么征税，是征纳税双方权利义务共同指向的客体或标的物。

(2) 重要作用：是区别一种税与另一种税的重要标志，是税法最基本的要素，体现着征税的最基本界限，决定着某一种税的基本征税范围，同时，征税对象也决定了各个不同税种的名称。

(3) 与征税对象相关的两个概念：

税目：是指在税法中对征税对象分类规定的具体的征税项目，反映具体的征税范围，是对课税对象质的界定。

税基：即计税依据，是指据以计算征税对象应纳税款的直接数量依据，它解决对征税对象课税的计算问题，是对课税对象的量的规定。

税目与税基比较如表 1－2 所示。

表 1－2　　　　税目与税基

概　念	含　义	与课税对象关系	作用或形式
税目	税法中对征税对象分类规定的具体的征税项目，反映具体的征税范围	对课税对象质的界定	(1) 明确具体的征税范围，凡列入税目的即为应税项目，未列入税目的，则不属于应税项目 (2) 贯彻国家税收调节政策的需要
税基 (计税依据)	据以计算征税对象应纳税款的直接数量依据，解决对征税对象课税的计算问题	对课税对象的量的规定	(1) 价值形态（从价计征）：即按征税对象的货币价值计算，如增值税 (2) 物理形态（从量计征）：即直接按征税对象的自然单位计算，如城镇土地使用税

3. 税率

税率是对征税对象的征收比例或征收额度。税率是计算税额的尺度，也是衡量税负轻重与否的重要标志。我国现行税率种类如表 1－3 所示。

表1-3　　我国现行税率种类表

税率形式	含　义	形式及应用举例
比例税率	即对同一征税对象，不分数额大小，规定相同的征收比例	(1) 单一比例税率(如增值税) (2) 差别比例税率(如城市维护建设税) (3) 幅度比例税率(如契税)
累进税率	征税对象按数额(或相对率)大小分成若干等级，每一等级规定一个税率，税率依次提高；每一纳税人的征税对象则依所属等级同时适用几个税率分别计算，将计算结果相加后得出应纳税额	(1) 超额累进税率(如个人所得税中的工资薪金所得) (2) 超率累进税率(如土地增值税)
定额税率	按征税对象确定的计算单位，直接规定一个固定的税额	如城镇土地使用税、车船税等

【例题2·多项选择题】 下列各项中，采用比例税率征收的有(　　)。

A. 增值税　　B. 消费税

C. 城镇土地使用税　　D. 城市维护建设税

【答案】 AD

【解析】 选项C采用定额税率。

4. 纳税期限

(1) 含义：是指税法规定的关于税款缴纳时间方面的限定。

(2) 相关的三个概念：

a. 纳税义务发生时间：是指应税行为发生的时间。

b. 纳税期限：是指每隔固定时间汇总一次纳税义务的时间。纳税人的具体纳税期限，由主管税务机关根据纳税人应纳税额的大小分别核定；不能按照固定期限纳税的，可以按次纳税。

c. 缴库期限：税法规定的纳税期满后，纳税人将应纳税款缴入国库的期限。

【例题3·多项选择题】 下列关于税收实体法构成要素的说法中，正确的有(　　)。

A. 纳税人是税法规定的直接负有纳税义务的单位和个人，是实际负担税款的单位和个人

B. 征税对象是税法中规定的征税的标的物，是国家征税的依据

C. 税率是对征税对象的征收比例或征收额度，是计算税额的尺度

D. 税目是课税对象的具体化，反映课税对象质的规定

【答案】 BCD

【解析】 纳税人是税法规定的直接负有纳税义务的单位和个人，不一定是实际负担税款的单位和个人。

四、税收立法机关(见表1-4)

表1-4　　我国现行税收立法机关

分　类	立法机关	形　式	举　例
税收法律	全国人民代表大会及其常务委员会正式立法	法律	《企业所得税法》《个人所得税法》《税收征收管理法》
	全国人民代表大会及其常务委员会授权立法	暂行条例	《增值税暂行条例》《消费税暂行条例》等

（续表）

分　类	立法机关	形　式	举　例
税收法规	国务院——税收行政法规	条例、暂行条例、实施细则	《税收征收管理法实施细则》《房产税暂行条例》等
	地方人民代表大会（目前只有海南省、民族自治区）——税收地方性法规		—
税收规章	财政部、税务总局、海关总署——税收部门规章	办法、规则、规定	《增值税暂行条例实施细则》《税收代理试行办法》等
	省级地方政府——税收地方规章		《房产税暂行条例实施细则》等

【例题4·单项选择题】 下列各项税收法律法规中，属于部门规章的是（　　）。

A.《个人所得税法》

B.《消费税暂行条例》

C.《企业所得税法实行条例》

D.《消费税暂行条例实施细则》

【答案】 D

【解析】 选项A属于全国人民代表大会及其常务委员会制定的税收法律；选项B属于全国人民代表大会或人民代表大会常务委员会授权立法；选项C属于国务院制定的税收行政法规。

五、我国现行税法体系

1. 税法分类

（1）按照税法的基本内容和效力的不同，可分为税收基本法和税收普通法。

（2）按照税法的职能作用的不同，可分为税收实体法和税收程序法。

（3）按照税法征收对象的不同，可分为五种：商品和劳务税法，所得税法，财产、行为税法，资源税法、特定目的税法。

（4）按照主权国家行使税收管辖权的不同，可分为国内税法、国际税法、外国税法等。

2. 现行税法体系

我国现行税法体系由税收实体法和税收程序法构成。

（1）税收实体法体系。我国的税收实体法体系由18个税收法律、法规组成，它们按性质作用分5类（见表1－5）。

表1－5　　税收实体法体系

主体税	商品和劳务税类（间接税）	包括增值税、消费税、关税
	所得税类（直接税）	包括企业所得税、个人所得税
非主体税	财产和行为税类	包括房产税、车船税、印花税、契税
	资源税类	包括资源税、土地增值税、城镇土地使用税、环境保护税
	特定目的税类	包括城市维护建设税、车辆购置税、耕地占用税、烟叶税、船舶吨税

（2）税收程序法体系。我国税法程序法体系是指税收征收管理法律制度，包括《税收征收管理法》《海关法》和《进出口关税条例》等。

a. 由税务机关负责征收的税种的征收管理，按照全国人民代表大会常务委员会发布实施的《税收征收管理法》执行。

b. 由海关负责征收的税种的征收管理，按照《海关法》及《进出口关税条例》等有关规定执行。

【例题 5 · 多项选择题】 下列各项中，属于我国现行税法的有（　　）。

A. 税收基本法　　B. 企业所得税法

C. 进出口关税条例　　D. 中央与地方共享税条例

【答案】 BC

【解析】 我国目前尚未制定税收基本法，也没有出台中央与地方共享税条例。

思考与练习

一、单项选择题

1. 下列各项目中，不属于我国税收法律关系主体的是（　　）。

A. 税务机关　　B. 司法机关　　C. 海关　　D. 纳税人

2. 有义务借助与纳税人的经济交往而向纳税人收取应纳税款并代为缴纳税款的单位是（　　）。

A. 负税人　　B. 代扣代缴义务人

C. 代收代缴义务人　　D. 代征代缴义务人

3. 下列税种中，纳税人和负税人一致的是（　　）。

A. 增值税　　B. 消费税　　C. 关税　　D. 个人所得税

4. 下列税种中，采用比例税率征收的是（　　）。

A. 消费税　　B. 企业所得税

C. 城镇土地使用税　　D. 资源税

5. 我国的土地增值税运用的税率形式是（　　）。

A. 全额累进税率　　B. 全率累进税率

C. 超额累进税率　　D. 超率累进税率

6. 某税种征税对象应税收入，采用超额累进税率，应税收入 500 元以下的，适用税率为 5%；应税收入 500～2 000 元的，适用税率为 10%；应税收入 2 000～5 000元的，适用税率为 15%。某纳税人应税收入为 4 000 元，则应纳税额为（　　）元。

A. 125　　B. 220　　C. 475　　D. 600

7. 下图为应用超额累进税率计算应纳税额的图示（数轴代表应税收入），则级距为 1 500 至 2 000 的速算扣除数为（　　）。

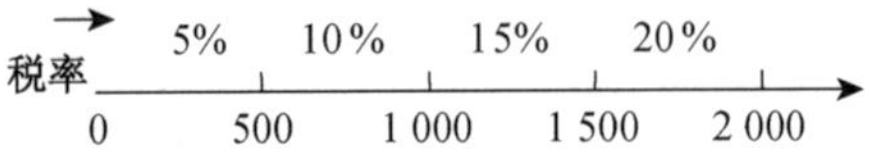

A. 250　　B. 110　　C. 100　　D. 150

8. 采用超额累进税率计算税额时，速算扣除数的作用主要是(　　)。

A. 简化计算　　B. 使计算更加准确

C. 减缓税率累进的速度　　D. 解决累进临界税负不合理问题

9. 下列各项中，表述正确的是(　　)。

A. 税目是区分不同税种的主要标志

B. 税率是衡量税负轻重的重要标志

C. 税基是对征税对象质的界定

D. 征税对象就是税收法律关系中征纳双方权利义务所指的物品

10. 下列税种中，由海关征收的是(　　)。

A. 个人所得税　　B. 消费税

C. 城市维护建设税　　D. 进口环节的增值税

二、多项选择题

1. 下列关于税收法律关系的表述中，正确的有(　　)。

A. 税收法律关系中权利主体另一方的确定，我国采取的是属地兼属人原则

B. 税收法律关系中权利主体双方法律地位并不平等，双方的权利义务也不对等

C. 代表国家行使征税职责的各级国家税务机关是税收法律关系中的权利主体之一

D. 税收法律关系总体上与其他法律关系一样，都是由权利主体、权利客体两方面构成

2. 关于税收实体法构成要素，下列说法中，正确的有(　　)。

A. 纳税人是税法规定的直接负有纳税义务的单位和个人，是实际负担税款的单位和个人

B. 征税对象是税法中规定的征税的目的物，是国家征税的依据；计税依据是税法中规定的据以计算应纳税款的依据或标准

C. 税率是对征税对象的征收比例或征收额度，是计算税额的尺度

D. 税目是课税对象的具体化，反映具体征税范围，代表征税的广度

3. 比例税率是指对同一征税对象，不分数额大小，规定相同的征收比例，其在适用中又可以分为的具体形式有(　　)。

A. 单一比例税率　　B. 差别比例税率

C. 幅度比例税率　　D. 双重比例税率

4. 下列税种中，由税务局负责征收的有(　　)。

A. 个人所得税　　B. 车辆购置税

C. 关税　　D. 船舶吨税

5. 下列各项中，属于我国税法规定的税率形式有(　　)。

A. 全额累进税率　　B. 定额税率

C. 比例税率　　D. 超率累进税率

三、判断题

1. 税收法律事实可分为税收法律事件和税收法律行为。　　(　　)

2. 税收法律关系总体上与其他法律关系一样，都是由权利主体、权利客体两方面构成。 ( )

3. 税目是对课税对象的量的规定。 ( )

4. 超额累进税率是把征税对象的数额划分为若干等级，对每个等级分别规定相应税率，当税基超过某个级距时，课税对象的全部数额都按提高后级距的相应税率征税。 ( )

5. 起征点，是指对征税对象开始征税的数额界限。征税对象的数额没有达到规定起征点的不征税；达到或超过起征点的，就其全部数额征税。 ( )

第二章　增 值 税 法

本章基本内容框架

- 增值税基本原理
  - 概念、特点
  - 类型
- 增值税征税范围
  - 一般规定
  - 特殊规定
    - 特殊项目
    - 特殊行为(视同销售、混合销售、兼营行为)
- 一般纳税人与小规模纳税人
  - 判定标准
  - 两类纳税人的区别
- 税率与征收率
- 一般纳税人应纳税额的计算
  - 销项税额的计算
    - 一般销售方式下
    - 特殊销售方式下
    - 视同销售方式下
  - 进项税额的计算
    - 可抵扣的进项税额
    - 不可抵扣的进项税额
- 小规模纳税人应纳税额的计算
- 进口货物征税
- 出口货物退(免)税
- 税收优惠
- 税收征管

重点、难点讲解及典型例题

一、增值税征税范围

(一) 一般规定

(1) 销售或进口的货物。货物是指有形动产,包括电力、热力、气体在内。

(2) 提供的加工、修理修配劳务。加工是指受托加工货物,即委托方提供原料及主要材料,受托方按照委托方的要求制造货物并收取加工费的业务;修理修配是指受托对损伤和丧失功能的货物进行修复,使其恢复原状和功能的业务。

(3) 销售应税服务。应税服务包括交通运输服务、邮政服务、电信服务、建筑服务、金融服务、现代服务、生活服务。

交通运输服务是指利用运输工具将货物或者旅客送达目的地，使其空间位置得到转移的业务活动，包括陆路运输服务、水路运输服务、航空运输服务和管道运输服务。

水路运输的程租、期租业务，航空运输的湿租业务，属于交通运输服务。水路运输的光租业务和航空运输的干租业务，属于现代服务业"有形动产租赁"。

邮政服务是指中国邮政集团公司及其所属邮政企业提供邮件寄递、邮政汇兑和机要通信等邮政基本服务的业务活动，包括邮政普遍服务、邮政特殊服务和其他邮政服务。

邮政储蓄业务属于"金融服务"。

电信服务是指利用有线、无线的电磁系统或者光电系统等各种通信网络资源，提供语音通话服务，传送、发射、接收或者应用图像、短信等电子数据和信息的业务活动，包括基础电信服务和增值电信服务。

建筑服务是指各类建筑物、构筑物及其附属设施的建造、修缮、装饰，线路、管道、设备、设施等的安装以及其他工程作业的业务活动，包括工程服务、安装服务、修缮服务、装饰服务和其他建筑服务。

金融服务是指经营金融保险的业务活动，包括贷款服务、直接收费金融服务、保险服务和金融商品转让。

现代服务是指围绕制造业、文化产业、现代物流产业等提供技术性、知识性服务的业务活动，包括研发和技术服务、信息技术服务、文化创意服务、物流辅助服务、租赁服务、鉴证咨询服务、广播影视服务、商务辅助服务和其他现代服务。

生活服务是指为满足城乡居民日常生活需求提供的各类服务活动。包括文化体育服务、教育医疗服务、旅游娱乐服务、餐饮住宿服务、居民日常服务和其他生活服务。

(4) 销售无形资产。

销售无形资产是指转让无形资产所有权或者使用权的业务活动。无形资产是指不具实物形态，但能带来经济利益的资产，包括技术、商标、著作权、商誉、自然资源使用权和其他权益性无形资产。

(5) 销售不动产。

销售不动产是指转让不动产所有权的业务活动。不动产是指不能移动或者移动后会引起性质、形状改变的财产，包括建筑物、构筑物等。

【例题 1 · 多项选择题】 根据我国现行增值税法的规定，纳税人提供下列行为应当缴纳增值税的有(　　)。

A. 房屋维修　　　　B. 汽车修理

C. 管道安装　　　　D. 服装加工

【答案】 ABCD

【解析】 房屋维修、管道安装属于增值税的应税劳务。

【例题 2 · 单项选择题】 企业发生的下列行为中，需要计算缴纳增值税的是(　　)。

A. 取得存款利息　　　　B. 获得保险赔偿

C. 取得中央财政补贴　　　　D. 收取包装物租金

【答案】 D

【例题 3 · 多项选择题】 下列各项业务所取得的收入中，应按"有形动产租赁"征收增值税的有（　　）。

A. 搬家公司从事的搬家业务　　B. 航空公司从事的干租业务

C. 水路运输公司从事的光租业务　　D. 水路运输的程租、期租业务

【答案】 BC

【例题4·多项选择题】 下列项目中，应按照“商务辅助服务”项目征收的有（　　）。

A. 企业管理服务　　B. 经纪代理服务

C. 人力资源服务　　D. 安全保护服务

【答案】 ABCD

（二）特殊规定（视同销售行为）

(1) 将货物交付他人代销——代销中的委托方。

(2) 销售代销货物——代销中的受托方。

(3) 总分机构（不在同一县市）之间移送货物用于销售的，移送当天发生增值税纳税义务。

(4) 将自产、委托加工的货物用于集体福利或个人消费。

(5) 将自产、委托加工或购买的货物作为投资，提供给其他单位或个体经营者。

(6) 将自产、委托加工或购买的货物分配给股东或投资者。

(7) 将自产、委托加工或购买的货物无偿赠送其他单位或者个人。

(8) 单位或者个体工商户向其他单位或者个人无偿提供服务，无偿转让无形资产或者不动产，但用于公益事业或者以社会公众为对象的除外。

【例题5·多项选择题】 下列行为属于视同销售货物，应征收增值税的是（　　）。

A. 某商店为服装厂代销儿童服装

B. 将自产货物移送本县分支机构用于销售

C. 某企业将外购的空调用于集体福利部门使用

D. 某商场将外购的灯具用于内部招待所

【答案】 A

【例题6·多项选择题】 根据增值税规定，下列行为应视同销售货物征收增值税的有（　　）。

A. 将外购的服装作为春节福利发给企业员工

B. 将委托加工收回的卷烟用于赠送客户

C. 将新研发的玩具交付某商场代为销售

D. 将外购的水泥用于本企业仓库的修建

【答案】 BC

二、一般纳税人与小规模纳税人的登记及管理

（一）一般纳税人和小规模纳税人的认定标准（2个标准）

(1) 经营规模（年应税销售额）：纳税人在连续不超过12个月或4个季度的经营期内累计应征增值税销售额为500万元以下的为小规模纳税人。应征增值税销售额包括纳税申报销售额、稽查查补销售额、纳税评估调整销售额、税务机关代开发票销售额和免税销售额。

(2) 会计核算水平(是否健全)。

【例题7·单项选择题】 按照现行规定，下列各项中必须被认定为小规模纳税人的是(　　)。

A. 年应税销售额600万元的汽车修理厂

B. 年含税销售额600万元的广告公司

C. 年不含税销售额500万元以下，会计核算制度不健全的超市

D. 非企业性单位

【答案】 C

【解析】 选项A，汽车修理厂提供加工修理修配劳务，年应税销售额500万元为一般纳税人判定标准，达到600万元了，应认定为一般纳税人。选项B，广告公司是“营改增”之后缴增值税，认定标准为年应税销售额500万元，600÷(1+3%)=582.52(万元)，超过500万元，应认定为一般纳税人。选项C，超市属于商业零售企业，判定标准为500万元以下，这里符合小规模纳税人标准。选项D，税法规定这种性质的企业，可以选择当小规模纳税人，不是必须被认定为小规模纳税人。

(二) 一般纳税人与小规模纳税人的区别(见表2-1)

表2-1　　一般纳税人与小规模纳税人的区别

纳税人	发票管理	税款计算	税率(征收率)
一般纳税人	销货(提供劳务)：开具增值税专用发票 购货(接受劳务)：取得增值税专用发票，可以抵进项	税款抵扣： 应纳税额=销项税-进项税 简易计算： 应纳税额=销售额×征收率	13%、9%、6%、0 特殊：3%、3%减按2%、5%
小规模纳税人	销货(提供劳务)：自2020年2月1日起，可以开具增值税专用发票 购货(接受劳务)：不能抵扣进项税，即使取得增值税专用发票也不得抵进项	简易计算： 应纳税额=销售额×征收率	3% 特殊：3%减按2%、5%

三、税率与征收率

(一) 一般纳税人适用的税率

1. 基本税率13%

(1) 销售或进口的货物(除适用9%低税率的货物和旧货外)。

(2) 提供的应税劳务。

(3) 提供有形动产租赁服务。

2. 适用9%低税率的货物

(1) 粮食、食用植物油、鲜奶、食用盐。

(2) 自来水、暖气、冷气、热水、煤气、石油液化气、天然气、沼气、居民用煤炭制品。

(3) 图书、报纸、杂志。

（4）饲料、化肥、农药、农机、农膜。

（5）国务院及其有关部门规定的其他货物：①（初级）农产品；②音像制品；③电子出版物；④二甲醚；⑤频振式杀虫灯等。

3. 适用9%低税率的服务及其他项目

（1）提供交通运输服务。

（2）提供邮政服务。

（3）提供基础电信服务。

（4）提供建筑服务。

（5）提供不动产租赁服务。

（6）销售不动产。

（7）转让土地使用权。

4. 6%低税率

（1）增值电信服务。

（2）金融服务。

（3）现代服务（有形动产租赁和不动产租赁除外）。

（4）生活服务。

（5）销售无形资产（转让土地使用权除外）。

5. 零税率

（1）纳税人出口货物，税率为零；但是，国务院另有规定的除外。

（2）境内单位和个人发生的跨境应税行为，包括境内单位和个人提供的国际运输服务。

（3）境内单位和个人向境外单位提供的研发服务。

（4）境内单位和个人向境外单位提供的设计服务。

【例题8·多项选择题】 根据现行政策，下列项目适用9%税率的有（　　）。

A. 报社销售的报刊

B. 燃气公司销售的天然气

C. 采矿企业销售的矿产品

D. 果品公司批发水果

【答案】 ABD

【解析】 选项C，根据现行政策，矿产品适用13%税率。

（二）一般纳税人适用的征收率

1. 3%的征收率

2. 3%减按2%的征收率

（1）一般纳税人销售自己使用过的2008年12月31日以前购进的不得抵扣且未抵扣过进项税额的固定资产，按简易办法依照3%征收率减按2%征收增值税。

（2）一般纳税人销售旧货，按简易办法依照3%征收率减按2%征收增值税。

所称旧货，是指进入二次流通的具有部分使用价值的货物（含旧汽车、旧摩托车和旧游艇），但不包括自己使用过的物品。

3. 5%的征收率

一般纳税人销售(或出租)2016年4月30日前取得的不动产。

(三) 小规模纳税人的征收率

1. 基本征收率3%

(1) 销售货物(固定资产、旧货除外)。

(2) 提供加工、修理修配劳务。

(3) 销售应税服务(不动产租赁除外)。

(4) 销售无形资产。

2. 3%减按2%的征收率

(1) 小规模纳税人(其他个人除外)销售自己使用过的固定资产(不动产除外),减按2%征收率征收增值税。

(2) 小规模纳税人销售旧货,减按2%征收率征收增值税。

3. 5%的征收率

小规模纳税人销售和出租不动产。

四、一般纳税人应纳税额的计算

一般纳税人应纳税额的计算如图2-1所示。

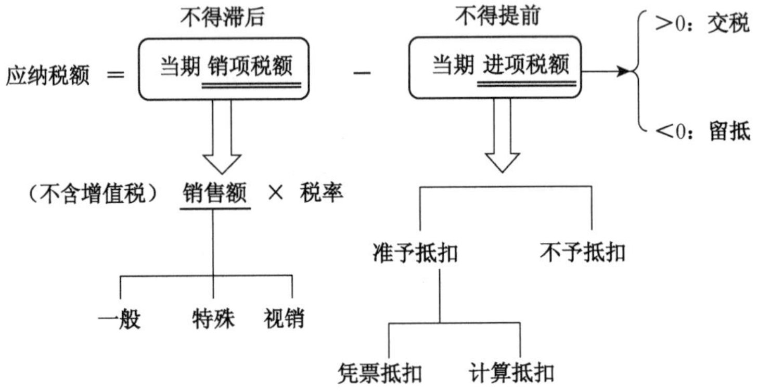

图2-1 一般纳税人应纳税额的计算

(一) 销项税额的计算

销项税额是纳税人销售货物或提供应税劳务和应税服务,按照销售额或提供应税劳务和应税服务收入与规定税率计算并向购买方收取的增值税税额,其计算方法为:

$$销项税额 = 销售额 \times 税率$$

1. 一般销售方式下的销售额

销售额是纳税人销售货物或提供应税劳务和应税服务向购买方收取的全部价款和价外费用(即价外收入,如违约金、滞纳金、赔偿金、延期付款利息、包装费、包装物租金、运输装卸费等)。

(1) 销售额中包括:价款和价外收入。

注意:价外收入视为含增值税的收入,必须换算为不含税收入再并入销售额。

(2) 销售额中不包括:受托加工应税消费品所代收代缴的消费税;符合条件的代垫运费;同时符合条件的代收政府性基金或者行政事业性收费;销售货物的同时代办保险费,代收车辆购置税、车辆牌照费。

2. 特殊销售方式下销售额的确定

(1) 折扣折让方式销售:

折扣销售(商业折扣):以折扣后的金额作为销售额计算销项税额。
销售折扣(现金折扣):以折扣前的金额作为销售额计算销项税额。
销售折让:折让额可以从销售额中扣减。

【例题9·计算题】 某单位销售货物取得不含税价款300万元,购货方及时付款,给予5%的折扣,实收285万元。要求:计算此业务的销项税额。

【答案】 销项税额=300×13%=39(万元)

(2) "以旧换新"销售:按新货同期销售价格确定销售额,不得扣减旧货收购价格(金银首饰除外)。

【例题10·计算题】 位于某市区的一家百货商场为增值税一般纳税人。2×20年3月份零售金银首饰取得含税销售额10.17万元,其中包括以旧换新首饰的含税销售额5.65万元。在以旧换新业务中,旧首饰作价的含税金额为3.39万元,百货商场实际收取的含税金额为2.26万元。要求:计算百货商场3月份零售金银首饰应缴纳的消费税。

【答案】 百货商场3月份零售金银首饰的增值税销项税额=(10.17-5.65)÷(1+13%)×13%+2.26÷(1+13%)×13%=0.78(万元)

百货商场3月份零售金银首饰应缴纳的消费税=(10.17-5.65)÷(1+13%)×5%+2.26÷(1+13%)×5%=0.3(万元)

(3) 还本销售:销售额就是货物销售价格,不得扣减还本支出。

(4) 以物易物销售:双方均作购销处理,以各自发出的货物核算销售额并计算销项税额,以各自收到的货物核算购货额并计算进项税额。

(5) 包装物押金处理:有约定期限;无约定期限(以1年为期限)。包装物押金的判定如表2-2所示。

表2-2 **包装物押金的判定**

押金种类	未逾期	逾期
一般包装物押金	不计入价外费用	计入价外费用
啤酒、黄酒包装物押金	不计入价外费用	计入价外费用
酒类(啤酒、黄酒除外)包装物押金	计入价外费用	计入价外费用

【例题11·计算题】 某酒厂为一般纳税人。本月向一小规模纳税人销售白酒,并开具普通发票上注明金额93 600元;同时收取单独核算的包装物押金2 000元(尚未逾期)。要求:计算此业务酒厂应确认的销项税额。

【答案】 销项税额=(93 600+2 000)÷(1+13%)×13%=10 998.23(元)

3. 视同销售方式下销售额的确定

(1) 按纳税人最近时期销售同类货物、服务、无形资产或不动产的平均销售价格确定。

(2) 按其他纳税人最近时期销售同类货物、服务、无形资产或不动产的平均销售价格确定。

(3) 按组成计税价格确定。组成计税价格的公式为：

组成计税价格 = 成本×(1＋成本利润率)

征收增值税的货物，同时又征收消费税的，其组成计税价格中应加上消费税税额。其组成计税价格公式为：

组成计税价格 = 成本×(1＋成本利润率)＋消费税税额

或：

组成计税价格 = 成本×(1＋成本利润率)÷(1－消费税税率)

(二) 进项税额的计算

1. 可抵扣

准予从销项税额中抵扣的进项税额，分两类：

(1) 凭票抵扣
- 增值税专用发票
- 机动车销售统一发票
- 海关进口增值税专用缴款书
- 税收缴款凭证

(2) 计算抵扣：外购免税农产品：进项税额＝买价×9%(或10%)

【例题12·计算题】 某一般纳税人购进某农场自产玉米，收购凭证注明价款为56 830元。要求：计算进项税额及采购成本。(抵扣率9%)

【答案】 进项税额＝56 830×9%＝5 114.7(元)，采购成本＝56 830×(1－9%)＝51 715.3(元)

2. 不可抵扣

纳税人购进货物或应税劳务、服务等用于下列项目，进项税不得从销项税额中抵扣：

(1) 用于简易计税方法计税项目、免征增值税项目、集体福利或者个人消费的购进货物、加工修理修配劳务、服务、无形资产和不动产。其中涉及的固定资产、无形资产、不动产，仅指专用于上述项目的固定资产、无形资产(不包括其他权益性无形资产)、不动产。

纳税人的交际应酬消费属于个人消费。

(2) 非正常损失的购进货物，以及相关的加工修理修配劳务和交通运输服务。

(3) 非正常损失的在产品、产成品所耗用的购进货物(不包括固定资产)、加工修理修配劳务和交通运输服务。

(4) 非正常损失的不动产，以及该不动产所耗用的购进货物、设计服务和建筑服务。

(5) 非正常损失的不动产在建工程所耗用的购进货物、设计服务和建筑服务。

纳税人新建、改建、扩建、修缮、装饰不动产，均属于不动产在建工程。

(6) 购进的贷款服务、餐饮服务、居民日常服务和娱乐服务。

(7) 财政部和国家税务总局规定的其他情形。

非正常损失是指因管理不善造成货物被盗、丢失、霉烂变质,以及因违反法律法规造成货物或者不动产被依法没收、销毁、拆除的情形。这些非正常损失是由纳税人自身原因造成导致征税对象实体的灭失,其损失应有纳税人自行承担。

一般纳税人兼营简易计税方法计税项目、免征增值税项目而无法划分不得抵扣的进项税额,按照下列公式计算不得抵扣的进项税额:

不得抵扣的进项税额 = 当期无法划分的全部进项税额×(当期简易计税方法计税项目销售额+免征增值税项目销售额)÷当期全部销售额

【例题 13 · 单项选择题】 下列项目所包含的进项税额,不得从销项税额中抵扣的是(　　)。

A. 生产过程中出现的报废产品

B. 用于返修产品修理的易损零配件

C. 生产企业用于经营管理的办公用品

D. 被执法部门依法没收其自行出版物的进项税

【答案】 D

【例 14 · 单项选择题】 下列各项中,不得从销项税额中抵扣进项税额的有(　　)。

A. 购进生产用燃料所支付的增值税款

B. 不合格产品耗用材料所支付的增值税款

C. 因管理不善被盗材料所支付的增值税款

D. 购进不动产耗用装修材料所支付的增值税款

【答案】 C

五、小规模纳税人应纳税额的计算

(一) 计算公式

应纳税额 = (不含税)销售额×征收率 3%

注意:公式中的销售额应为不含增值税额、含价外费用的销售额。

2. 小规模纳税人(除其他个人外)销售自己使用过的货物

(1) 销售自己使用过的固定资产和旧货

增值税 = 售价÷(1+3%)×2%

(2) 销售自己使用过的除固定资产以外的物品

增值税 = 售价÷(1+3%)×3%

【例 15 · 单项选择题】 某汽修厂为增值税小规模纳税人,2×20 年 12 月取得修理收入为 60 000 元;处置使用过的举升机一台,取得收入 5 000 元。汽修厂 12 月份应缴纳增值税(　　)元。

A. 1 747.57　　B. 1 844.66

C. 1 893.20　　D. 1 980.58

【答案】 B

【解析】 应缴纳的增值税=60 000÷(1+3%)×3%+5 000÷(1+3%)×2%=1 844.66(元)

六、特殊经营行为和产品的税务处理

(一) 混合销售行为

(1) 含义:一项销售行为如果既涉及货物又涉及服务,为混合销售行为。

(2) 税务处理:从事货物的生产、批发或零售的单位和个体工商户的混合销售行为,按照销售货物缴纳增值税;其他单位和个体工商户的混合销售行为,按照销售服务缴纳增值税。

例如,生产货物的单位,在销售货物的同时附带运输,其销售货物及提供运输的行为属于混合销售行为,所收取的货物款项及运输费用应一律按销售货物计算缴纳增值税。

(二) 兼营行为

(1) 含义:兼营行为是指纳税人的经营行为既包括销售货物和加工修理修配劳务,又包括销售服务、无形资产和不动产的行为。

(2) 纳税人销售货物、加工修理修配劳务、服务、无形资产或不动产适用不同税率或征收率的,应当分别核算适用不同税率或征收率的销售额;未分别核算的,从高适用税率。

例如,某增值税一般纳税人既提供餐饮、住宿服务,又提供不动产租赁服务,如果纳税人能分别核算上述两项服务的销售额,则餐饮、住宿服务适用6%的增值税税率,提供不动产租赁服务适用9%的增值税税率;如果纳税人没有分别核算上述两项应税服务的销售额,则提供餐饮、住宿服务和提供不动产租赁服务均从高适用9%的增值税税率。

【例题16·多项选择题】 下列各项中,属于增值税混合销售的有(　　)。

A. 百货商店在销售商品的同时又提供送货服务

B. 餐饮公司提供餐饮服务的同时又销售烟酒

C. 建材商店在销售木质地板的同时提供安装服务

D. 歌舞厅在提供娱乐服务的同时销售食品

【答案】 ABCD

七、进口货物征税(海关代征)

(一) 进口货物征税范围及纳税人

征税范围:凡是申报进入我国海关境内的货物。只要是报关进口的应税货物,不论其是国外产制还是我国已出口而转销国内的货物,不论是进口者自行采购还是国外捐赠的货物,不论是进口者自用还是作为贸易或其他用途等,均应按照规定缴纳进口环节的增值税。

(二) 进口货物应纳增值税的计算

$$应纳税额 = 组成计税价格 \times 税率$$

(1) 如果进口货物不征收消费税,则上述公式中组成计税价格的计算公式为:

$$组成计税价格 = 关税完税价格 + 关税$$

（2）如果进口货物征收消费税，则上述公式中组成计税价格的计算公式为：

组成计税价格 = 关税完税价格 + 关税 + 消费税

关税完税价格包括货价，加上货物运抵我国关境内输入地点起卸前的包装费、运费、保险费和其他劳务费等费用。

【例题 17 · 计算题】 某进出口公司 2×20 年 3 月进口办公设备 500 台，每台进口完税价格 1 万元，委托运输公司将进口办公设备从海关运回本单位，支付运输公司不含税运输费用 9 万元，取得了运输公司开具的增值税专用发票。当月以每台 1.8 万元的含税价格售出 400 台，向甲公司捐赠 2 台，对外投资 20 台，留下 78 台自用。另支付不含税销货运输费 1.3 万元，取得了运输公司开具的增值税专用发票。要求：计算该企业当月应纳增值税（假设进口关税税率为 15%。）。

【答案】

（1）进口货物进口环节应纳增值税＝1×500×(1＋15%)×13%＝74.75(万元)

（2）销项税额＝(400＋2＋20)×1.8÷(1＋13%)×13%＝86.97(万元)

（3）可以抵扣的进项税额＝74.75＋9×9%＋1.3×9%＝75.68(万元)

（4）应纳增值税＝86.97－75.68＝11.29(万元)

八、税收优惠

（一）免税项目

（1）农业生产者销售的自产农产品。

注意：对单位和个人销售的外购农产品，以及单位和个人外购农产品生产、加工后销售的仍然属于规定范围的农业产品，不属于免税的范围，应当按照规定的税率征收增值税。

（2）避孕药品和用具。

（3）古旧图书。古旧图书是指向社会收购的古书和旧书。

（4）直接用于科学研究、科学试验和教学的进口仪器、设备。

（5）外国政府、国际组织无偿援助的进口物资和设备。

（6）由残疾人的组织直接进口供残疾人专用的物品。

（7）销售自己使用过的物品。自己使用过的物品是指其他个人自己使用过的物品。

【例题 18 · 多项选择题】 下列各项中，属于免征增值税的项目有（　　）。

A. 邮政部门发行报刊

B. 农业生产者销售自产农产品

C. 电力公司向发电企业收取过网费

D. 残疾人的组织直接进口供残疾人专用的物品

【答案】 BD

（二）增值税起征点的规定

增值税起征点的适用范围限于按照小规模纳税人纳税的个体工商户和其他个人。不适用于登记为一般纳税人的个体工商户。纳税人销售额未达到国务院财政、税务主管部门规定的增值税起征点的，免征增值税；达到起征点的，全额计算缴纳增值税。增值税起征点自2021年3月5日起从月销售额10万元提高到15万元。

九、税收征管

1. 纳税义务发生时间

（1）销售货物或者应税劳务，为收讫销售款项或者取得索取销售款项凭据的当天；先开具发票的，为开具发票的当天。

（2）进口货物，为报关进口的当天。

（3）增值税扣缴义务发生时间为纳税人增值税纳税义务发生的当天。

（4）采取直接收款方式销售货物，不论货物是否发出，均为收到销售款或者取得索取销售款凭据的当天。

（5）采取托收承付和委托银行收款方式销售货物，为发出货物并办妥托收手续的当天。

（6）采取赊销和分期收款方式销售货物，为书面合同约定的收款日期的当天，无书面合同的或者书面合同没有约定收款日期的，为货物发出的当天。

（7）采取预收货款方式销售货物，为货物发出的当天，但生产销售生产工期超过12个月的大型机械设备、船舶、飞机等货物，为收到预收款或者书面合同约定的收款日期的当天。

（8）委托其他纳税人代销货物，为收到代销单位的代销清单或者收到全部或者部分货款的当天。未收到代销清单及货款的，为发出代销货物满180天的当天。

（9）销售应税劳务，为提供劳务同时收讫销售款或者取得索取销售款的凭据的当天。

（10）纳税人提供租赁服务采取预收款方式的，其纳税义务发生时间为收到预收款的当天。

（11）纳税人从事金融商品转让的，为金融商品所有权转移的当天。

（12）纳税人发生视同销售情形的，其纳税义务发生时间为货物移送的当天、服务、无形资产转让完成的当天或者不动产权属变更的当天。

（13）增值税扣缴义务发生时间为纳税人增值税纳税义务发生的当天。

【例题19·单项选择题】 根据《增值税暂行条例》及其实施细则的规定，采取预收货款方式销售货物，增值税纳税义务的发生时间是（　　）。

A. 销售方收到第一笔货款的当天　　B. 销售方收到剩余货款的当天

C. 销售方发出货物的当天　　D. 购买方收到货物的当天

【答案】 C

【解析】 选项C，预收货款方式销售货物增值税纳税义务发生时间货物发出的当天。特殊处理情况，生产销售生产工期超过12个月的大型机械设备、船舶、飞机等货物，为收到预收款或者书面合同约定的收款日期的当天。

2. 纳税地点

增值税的纳税期限分别为1日、3日、5日、10日、15日、1个月或者1个季度。

纳税人的具体纳税期限，由主管税务机关根据纳税人应纳税额的大小分别核定；不能按照固定期限纳税的，可以按次纳税。以1个季度为纳税期限的规定仅适用于小规模纳税人、银行、财务公司、信托投资公司、信用社以及财政部和国家税务总局规定的其他纳税人。不能按照固定期限纳税的，可以按次纳税。

纳税人以 1 个月或者 1 个季度为 1 个纳税期的，自期满之日起 15 日内申报纳税；以 1 日、3 日、5 日、10 日或者 15 日为 1 个纳税期的，自期满之日起 5 日内预缴税款，于次月 1 日起 15 日内申报纳税并结清上月应纳税款。

3. 纳税地点

(1) 固定业户应当向其机构所在地的主管税务机关申报纳税。总机构和分支机构不在同一县(市)的，应当分别向各自所在地的主管税务机关申报纳税；经国务院财政、税务主管部门或者其授权的财政、税务机关批准，可以由总机构汇总向总机构所在地的主管税务机关申报纳税。

(2) 固定业户到外县(市)销售货物或者应税劳务，应当向其机构所在地的主管税务机关申请开具外出经营活动税收管理证明，并向其机构所在地的主管税务机关申报纳税；未开具证明的，应当向销售地或者劳务发生地的主管税务机关申报纳税；未向销售地或者劳务发生地的主管税务机关申报纳税的，由其机构所在地的主管税务机关补征税款。

(3) 非固定业户销售货物或者应税劳务，应当向销售地或者劳务发生地的主管税务机关申报纳税；未向销售地或者劳务发生地的主管税务机关申报纳税的，由其机构所在地或者居住地的主管税务机关补征税款。

(4) 其他个人提供建筑服务，销售或者租赁不动产，转让自然资源使用权，应向建筑服务发生地、不动产所在地、自然资源所在地主管税务机关申报纳税。

(5) 进口货物，应当向报关地海关申报纳税。

(6) 扣缴义务人应当向其机构所在地或者居住地的主管税务机关申报缴纳其扣缴的税款。

思考与练习

一、单项选择题

1. 下列各项中，属于消费型增值税特征的是(　　)。

A. 允许一次性全部扣除外购固定资产所含税金

B. 允许扣除外购固定资产计入产品价值的折旧部分所含税金

C. 不允许扣除任何外购固定资产的价款

D. 上述说法都不正确

2. 依据增值税法的有关规定，下列业务中，不属于“建筑业”服务的是(　　)。

A. 房地产公司销售商品房　　B. 安装有线电视

C. 建筑公司修缮房屋　　D. 平整土地

3. 下列行为属于视同销售货物，应征收增值税的是(　　)。

A. 某商店为服装厂代销儿童服装

B. 某批发部门将外购的部分饮料用于职工福利

C. 某企业将外购的水泥用于基建工程

D. 某企业将外购的洗衣粉用于个人消费

4. 下列各项中，应按照“现代服务业”缴纳增值税的是（　　）。

A. 物业管理服务　　B. 货物加工劳务

C. 餐饮服务　　D. 金融服务

5. 下列各项中，应按照货物销售缴纳增值税的是（　　）。

A. 贷款服务

B. 缝纫业务

C. 加工业务

D. 商品期货业务

6. 根据增值税法律制度，某汽车销售公司（一般纳税人）销售小轿车时一并向购买方收取的下列款中，应作为价外费用计算销项税额的是（　　）。

A. 小轿车改装费

B. 因代办牌照而代收的车辆牌照费

C. 因代办保险代收的保险费

D. 因代办缴税代收的车辆购置税税款

7. 甲企业为乙企业加工一批药酒，乙企业提供原材料价值22万元，支付加工费8万元，甲企业代收代缴消费税3.33万元，并开具增值税专用发票，下列关于甲企业提供此项加工劳务增值税的正确处理是（　　）。

A. 按8万元为计税依据计算增值税

B. 按11.33万元为计税依据计算增值税

C. 按33.33万元为计税依据计算增值税

D. 按增值税专用发票上的税额抵扣进项税

8. 某企业（一般纳税人）于2×20年3月将一台自己使用过的2008年10月份购入设备以10万元的价格售出，其正确的税务处理方法是（　　）。

A. 按6%简易办法计算应纳增值税

B. 按4%简易办法计算应纳增值税

C. 按4%简易办法减半计算应纳增值税

D. 按3%减按2%计算应纳增值税

9. 下列各项不属于增值税混合销售的是（　　）。

A. 美容院提供美容服务的同时卖化妆品

B. 建材商店既销售建材并且还为其他客户提供装修服务

C. 塑钢门窗销售商店在销售产品的同时为客户提供安装服务

D. 电信局为客户提供电话安装服务的同时又销售所安装的电话机

10. 下列各项中，应当计算缴纳增值税的是（　　）。

A. 王某销售自己使用过的空调

B. 农业生产者销售自产农产品

C. 电力公司向发电企业收取过网费

D. 残疾人的组织直接进口供残疾人专用的物品

二、多项选择题

1. 下列各项服务中，应征收增值税的项目是（　　）。

A. 广告设计服务　　B. 机器设备租赁服务

C. 仓库租赁服务　　D. 鉴证咨询服务

2. 增值税一般纳税人取得下列发票或凭证中，可以凭“票”或计算抵扣进项税的是（　　）。

A. 外购免税农产品取得的收购发票

B. 进口设备取得的海关进口增值税专用缴款书

C. 外购原材料取得的普通发票

D. 外购小汽车取得的税控机动车销售统一发票

3. 单位或个体经营者的下列业务，应视同销售征收增值税的是（　　）。

A. 商场将购买的商品发给职工做福利

B. 饭店将购进啤酒用于餐饮服务

C. 将委托加工收回的货物用于个人消费

D. 食品厂将购买的食品原料赠送他人

4. 以下关于增值税一般纳税人和小规模纳税人划分规定正确的有（　　）。

A. 通常情况下，小规模纳税人与一般纳税人身份可以相互转换

B. 年应税销售额超过小规模纳税人标准的其他个人按小规模纳税人纳税

C. 超过小规模纳税人标准的非企业性单位可选择按小规模纳税人纳税

D. 小规模纳税人以外的纳税人应当向主管税务机关申请资格认定

5. 单位或个体经营者的下列业务，应视同销售征收增值税的是（　　）。

A. 商场将购买的商品发给职工

B. 店将购进啤酒用于餐饮服务

C. 个体商店代销鲜奶

D. 食品厂将购买的食品原料赠送他人

6. 对增值税小规模纳税人，下列表述正确的有（　　）。

A. 实行简易征收办法

B. 不得自行开具或申请代开增值税专用发票

C. 不得抵扣进项税额

D. 一经认定为小规模纳税人，不得再转为一般纳税人

7. 下列行为中，涉及的进项税额不得从销项税额中抵扣的是（　　）。

A. 不动产在建工程使用的外购物资

B. 生产应税产品购入的原材料

C. 因管理不善变质的库存购进商品

D. 因管理不善被盗的产成品所耗用的购进原料

8. 下列货物涉及的进项税额不得从销项税额中抵扣的有（　　）。

A. 免税货物的进项税

B. 因管理不善丢失货物的进项税额

C. 按简易办法依照征收率计算增值税的货物的进项税额

D. 用于装修会议室的购进材料负担的增值税额

9. 增值税一般纳税人销售下列货物，适用9%税率计算缴纳增值税的是(　　)。

A. 商店销售食用植物油　　B. 林厂销售自产原木

C. 盐厂销售的食用盐　　D. 书店销售的音像制品

10. 下列各项中，按照“销售无形资产”征收增值税的有(　　)。

A. 技术转让服务　　B. 转让土地使用权

C. 出租设备　　D. 转让商标权

三、判断题

1. 单位或个体工商户聘用的员工为本单位或者雇主提供加工、修理修配劳务，不征收增值税。(　　)

2. 纳税人采取折扣销售方式销售货物，销售额和折扣额在同一张发票上分别注明的，可按折扣后销售额征收增值税。(　　)

3. 被执法部门依法没收的产品所耗用的购进原料进项税额不可抵扣。(　　)

4. 组织职工春游，接受A公司提供的客运服务，不得抵扣进项税额。(　　)

5. 物业公司提供写字楼物业管理服务，属于提供“生活服务”。(　　)

6. 卫星电视信号落地转接服务，属于增值电信服务。(　　)

7. 货运客运场站服务属于交通运输服务。(　　)

8. 有形动产融资租赁服务不需要缴纳增值税。(　　)

9. 除个体经营者以外的其他个人不属于增值税一般纳税人。(　　)

10. 单位和个人在旅游景点经营索道收入按“交通运输业”征收增值税。(　　)

四、计算题

1. 某生产红酒企业为增值税一般纳税人，月销售收入为135.6万元(含税)，当期发出包装物收取押金为4.52万元，当期逾期未归还包装物押金为2.26万元。要求：计算企业本期应申报的销项税额。

2. 某副食品商店(小规模纳税人)2×20年6月销售副食品取得含税销售额66 950元，销售自己使用过的固定资产取得含税销售额17 098元。要求：计算该商店应缴纳的增值税。

3. 某旧机动车交易中心(一般纳税人)2×20年3月销售旧机动车60辆，取得含税销售收入483万元。要求：计算该公司应缴纳的增值税。

4. 某商店(一般纳税人)2×20年6月采取“以旧换新”方式销售金项链一条，新项链对外销售价格9 000元，旧项链作价2 000元，向消费者收取新旧项链差价款7 000元；另采取“以旧换新”方式销售热水器一台，新热水器对外销售价格2 000元，旧热水器作价100元，向消费者收取新旧热水器差价款1 900元。要求：计算该商店应缴纳的增值税。

5. 甲企业(一般纳税人)向乙商场销售服装1 00件，每件不含税价格80元，由于乙商场购买量大，甲企业按原价7折优惠销售，乙商场付款后，甲企业为乙商场开具的发票上“金额”栏分别注明了销售额和折扣额。要求：计算甲企业应计算的增值税销项税额。

6. 某外贸公司为增值税一般纳税人，2×20 年 7 月从国外进口一批普通商品，海关核定的关税完税价格为 200 万元。已知进口关税税率为 10%，增值税税率为 13%。要求：计算该公司进口环节应纳增值税税额。

7. 某商店为增值税小规模纳税人，2×20 年 9 月销售商品，取得含税收入 5.15 万元；将外购的一批商品无偿捐赠给某慈善机构，该批商品的含税价格为 1.03 万元；购进商品，取得增值税普通发票注明金额为 2 万元。增值税为 0.34 万元。已知征收率为 3%。要求：计算该商店当月应纳增值税税额。

五、综合题

1. 某货运有限公司(增值税一般纳税人)2×20 年 4 月发生如下业务：

(1) 购入新载货车，取得机动车专用发票注明税额 5.1 万元。

(2) 购买成品油，取得增值税专用发票注明税额 4.25 万元。

(3) 购买材料、低值易耗品，支付动力费用，取得增值税专用发票注明税额 5.92 万元。

(4) 修理载货车，取得增值税专用发票注明税额 2.34 万元。

(5) 货运业务取得收入(含税)114.45 万元。

(6) 装卸搬运服务取得收入(含税)12.72 万元。

(7) 经营性出租载货车(不配司机)收入(含税)70.2 万元(租赁合同约定每月租赁费 23.4 万元，第二季度租赁费在季度初一次性支付)。

(8) 销售旧载货车(2×09 年 3 月购入)，取得收入(含税)20.8 万元。

要求：计算该企业 2×20 年 4 月的应纳税额。(注：增值税抵扣凭证均经过税务机关认证，销售额抵减项目已向主管税务机关备案。)

2. 某小五金制造企业为增值税一般纳税人，2×20 年 5 月发生经济业务如下：

(1) 购进一批原材料，取得增值税专用发票注明，增值税为 6.5 万元。支付运费，取得增值税普通发票注明的金额为 2 万元，增值税为 0.18 万元。

(2) 接受其他企业投资转入材料一批，取得增值税专用发票注明，增值税为 13 万元。

(3) 购进低值易耗品，取得增值税专用发票注明的金额 6 万元，增值税为 0.78 万元。

(4) 销售产品一批，取得不含税销售额 200 万元，另外收取包装物租金 1.13 万元。

(5) 采取以旧换新方式销售产品，新产品含税售价为 7.91 万元，旧产品作价 2 万元。

(6) 因仓库管理不善，上月购进的一批工具的被盗，该批工具的采购成本为 8 万元(购进工具的进项税额已抵扣)。

要求：计算该企业 2×20 年 5 月的应纳税额。

3. 某公司为增值税一般纳税人，专门从事认证服务。2×20 年 5 月发生如下业务：

(1) 16 日，取得某项认证服务收入 106 万元，开具增值税专用发票，价税合计为 106 万元。

(2) 18 日，购进一台经营用设备，取得增值税专用发票注明金额 20 万元，增值税为 2.6 万元，支付运输费，取得增值税专用发票注明金额 0.5 万元，增值税为 0.045 万元。

(3) 20 日，支付广告服务费，取得增值税专用发票注明金额为 5 万元，增值税为 0.3

万元。

(4) 28 日，销售 2×09 年 1 月 1 日以前购进的一台固定资产，售价 0.206 万元(不开具专用发票)。

已知：增值税税率为 6%，征收率为 3%。要求：计算该公司当月应纳增值税税额。

4. 某企业为增值税小规模纳税人，专门从事商业咨询服务。2×20 年 6 月发生以下业务：

(1) 15 日，向某一般纳税人企业提供资讯信息服务，取得含增值税销售额3.09 万元。

(2) 20 日，向某小规模纳税人提供注册信息服务，取得含增值税销售额 1.03 万元。

(3) 25 日，购进办公用品，支付价款 2.06 万元，并取得增值税普通发票。

已知增值税征收率为 3%。要求：计算该企业当月应纳增值税税额。

第三章　消 费 税 法

本章基本内容框架

- 基本原理
  - 消费税的概念
  - 消费税的发展
  - 消费税的特点
  - 消费税的计税方法
    - 从价定率
    - 从量定额
    - 复合计征
- 纳税义务人与征税范围
  - 纳税义务人
  - 征税范围
- 税目与税率
  - 税目：15 个
  - 税率
    - 比例税率
    - 定额税率
    - 比例税率和定额税率复合
- 应纳税额的计算
  - 生产销售环节
  - 委托加工环节
  - 进口环节
  - 零售环节
  - 批发环节
  - 已纳消费税扣除的计算
- 征收管理
  - 纳税义务发生时间
  - 纳税期限
  - 纳税地点

重点、难点讲解及典型例题

一、纳税义务人

在中华人民共和国境内生产、委托加工和进口应税消费品的单位和个人，以及国务院确定的销售《消费税暂行条例》规定的应税消费品的其他单位和个人。

消费税的纳税义务人具体包括以下几个方面：

(1) 生产销售应税消费品的单位和个人。

(2) 委托加工应税消费品的单位和个人。

(3) 进口应税消费品的单位和个人。

(4) 零售金银首饰、钻石及钻石饰品、铂金首饰的单位和个人。

(5) 从事卷烟批发业务的单位和个人。

【例题1·多项选择题】 下列单位中属于消费税纳税人的有(　　)。

A. 生产销售应税消费品(金银首饰除外)的单位

B. 委托加工应税消费品的单位

C. 进口应税消费品的单位

D. 受托加工应税消费品的单位

【答案】 ABC

【解析】 生产、委托加工、进口为消费税的纳税人。选项D是代收代缴义务人。

二、征税范围

征税范围包括五个环节：生产、委托加工、进口、零售、批发，指定环节一次性缴纳，其他环节不再缴纳。

1. 生产销售应税消费品

(1) 纳税人生产的应税消费品，对外销售的，在销售时纳税。

(2) 纳税人自产自用的应税消费品，用于连续生产应税消费品的，不纳税；用于生产非应税消费品以及用于在建工程、管理部门、馈赠、赞助、集资、广告、样品、职工福利、奖励等，视同销售，在移送使用时纳税。

2. 委托加工应税消费品

(1) 委托加工的界定：委托加工是指由委托方提供原料或主要材料，受托方只收取加工费和代垫部分辅助材料进行加工。

(2) 纳税义务人。委托方是消费税的纳税义务人，委托加工的应税消费品，除受托方为个人外，由受托方在向委托方交货时代收代缴消费税税款。

(3) 委托加工应税消费品收回。委托方收回后以不高于受托方计税价格直接出售的，不纳税；以高于受托方的计税价格出售以及继续加工成另一种应税消费品销售的，在出厂环节缴纳消费税，同时可按生产领用量计算抵扣已纳消费税。

3. 进口应税消费品

进口环节消费税由海关代征。

4. 零售应税消费品

在零售环节征收消费税的有金银首饰和超豪华小汽车。“金银首饰、铂金首饰和钻石及钻石饰品”，包括金基、银基合金首饰以及金、银和金基、银基合金的镶嵌首饰。其他贵重首饰（如珠宝首饰）和珠宝玉石，在生产环节（或者进口环节、委托加工环节）征收消费税，在零售环节不征收消费税。

5. 批发应税消费品

自2009年5月1日起，在卷烟的“批发环节”加征一道从价计征的消费税，税率5%。2015年5月10日起，将卷烟消费税批发环节从价税税率由5%提高至11%，并按0.005元/支加征从量税。

注意：卷烟在生产环节、批发环节征收两次消费税，但这两个环节并非同一个纳税人，卷烟生产企业是生产环节的纳税人，卷烟批发企业是批发环节的纳税人。其中，生产环节实行从价定率和从量定额相结合的复合计征方法，批发环节则从价计征。

【例题2·多项选择题】 根据消费税法律制度的规定，下列业务中，应当征收消费税的有（　　）。

A. 甲卷烟厂将自产卷烟用于馈赠

B. 乙日化厂将自产化妆品用于分配利润

C. 丙汽车厂将自产小汽车用于赞助

D. 丁酒厂将自产白酒用于对外投资

【答案】 ABCD

【解析】 纳税人自产自用的应税消费品，用于连续生产应税消费品的，不纳税；用于其他方面的（用于生产非应税消费品、在建工程、管理部门、馈赠、赞助、集资、广告、样品、职工福利、奖励等），视同销售，在移送使用时纳税。

【例题3·单项选择题】 根据消费税法的规定，下列各项中，需要计算缴纳消费税的是（　　）。

A. 汽车专卖店销售小汽车　　B. 珠宝店进口钻石饰品

C. 烟草专卖店零售卷烟　　D. 酒厂委托加工白酒

【答案】 D

【解析】 ①选项A：小汽车在生产环节（或者进口环节、委托加工环节）征收消费税，在零售环节不征收消费税；②选项B：钻石及钻石饰品在零售环节征收消费税，在进口环节不征收消费税；③选项C：卷烟在生产环节、委托加工环节、进口环节和批发环节均有可能被征收消费税，但在零售环节不征收消费税；④选项D：委托加工白酒，除受托方为个人外，由受托方在向委托方交货时代收代缴消费税；委托个人加工的应税消费品，由委托方收回后缴纳消费税。

三、税目

1. 烟

卷烟、雪茄烟和烟丝均属于该税目的征税范围。

2. 酒

(1) 本税目的征收范围包括白酒(包括粮食白酒和薯类白酒)、黄酒、啤酒和其他酒(果酒、药酒等)。

(2) 对饮食业、商业、娱乐业举办的啤酒屋(啤酒坊)利用啤酒生产设备生产的啤酒,应当征收消费税。

(3) 调味料酒不征消费税。

3. 高档化妆品

(1) 本税目的征收范围包括高档美容修饰类化妆品、高档护肤类化妆品和成套化妆品。

(2) 舞台、戏剧、影视演员化妆用的上妆油、卸装油、油彩,不属于本税目的征收范围。

(3) 普通护肤护发品不征消费税。

4. 贵重首饰及珠宝玉石

本税目的征收范围包括金银珠宝首饰和经采掘、打磨、加工的各类珠宝玉石。

5. 鞭炮、焰火

体育上用的发令纸、鞭炮药引线,不按本税目征收。

6. 成品油

本税目包括汽油、柴油、石脑油、溶剂油、航空煤油、润滑油和燃料油 7 个子税目。

7. 摩托车

8. 小汽车

(1) 电动汽车不属于本税目的征收范围。

(2) 沙滩车、雪地车、卡丁车、高尔夫车,不征收消费税。

(3) 对于企业购进货车或者箱式货车改装生产的商务车、卫星通讯车等专用汽车,不征收消费税。

(4) 本税目包括零售价 130 万元(不含增值税)以上的乘用车和中轻型商用客车。

9. 高尔夫球及球具

本税目的征收范围包括高尔夫球、高尔夫球杆、高尔夫球包(袋)、高尔夫球杆的杆头、杆身和握把。

10. 高档手表

高档手表是指销售价格(不含增值税)每只在 10 000 元(含)以上的各类手表。

11. 游艇

12. 木制一次性筷子

本税目的征收范围包括各种规格的木制一次性筷子以及未经打磨、倒角的木制一次性筷子。

13. 实木地板

14. 电池

15. 涂料

【例题 4 · 单项选择题】 根据消费税法律制度的规定,下列各项中,属于消费税应税消费品的是(　　)。

A. 高档西服　　B. 汽油　　C. 电冰箱　　D. 电视机

【答案】 B

【解析】 选项B属于消费税的“成品油”税目。

【例题5·多项选择题】 根据消费税法律制度的规定，下列各项征收消费税的有(　　)。

A. 实木地板　　B. 调味料酒

C. 电动汽车　　D. 成套化妆品

【答案】 AD

【解析】 选项B、C：调味料酒和电动汽车不属于消费税的征税范围。

四、税率

(1) 多数税目适用比例税率。

(2) 成品油税目和啤酒、黄酒等子目适用定额税率。

(3) 卷烟和白酒同时适用比例税率和定额税率，即复合税率。

【例题6·多项选择题】 根据消费税法律制度的规定，下列消费品中，实行从量定额与从价定率相结合的复合计征办法征收消费税的有(　　)。

A. 卷烟　　B. 成品油　　C. 白酒　　D. 小汽车

【答案】 AC

【解析】 ①选项AC：复合计税；②选项B：从量定额；③选项D：从价定率。

五、应纳税额的计算

(一) 生产销售环节

1. 直接对外销售(见表3-1)

表3-1　　直接对外销售应纳税额计算

三种计税方法	计税依据	适用范围	计税公式
从价定率计税	销售额	除列举项目之外的应税消费品	应纳税额＝销售额×比例税率
从量定额计税	销售数量	啤酒、黄酒、成品油	应纳税额＝销售数量×单位税额
复合计税	销售额 销售数量	白酒、卷烟	应纳税额＝销售额×比例税率＋销售数量×单位税额

【例题7·单项选择题】 甲酒厂为增值税一般纳税人，2×20年5月销售果木酒，取得不含增值税销售额10万元，同时收取包装费0.565万元、优质费2.26万元。已知果木酒消费税税率为10%，增值税税率为13%，则甲酒厂当月销售果木酒应缴纳的消费税(　　)万元。

A. 1.2925　　B. 1.0585　　C. 1.25　　D. 1.05

【答案】 C

【解析】 ①销售果木酒的同时收取的包装费和优质费，均属于价外费用(视为含增值税收入)；②甲酒厂应纳消费税税额＝[10＋(0.565＋2.26)÷(1＋13%)]×10%＝1.25(万元)。

2. 自产自用

（1）从量定额计算：

应纳税额 = 自产自用数量 × 定额税率

（2）从价定率计算：

① 有同类消费品销售价格的，按照纳税人生产的同类消费品的销售价格计算纳税。

应纳税额 = 同类消费品不含增值税的销售单价 × 自产自用数量 × 比例税率

② 没有同类消费品销售价格的，按照组成计税价格计算纳税。组成计税价格计算公式是：

组成计税价格 = [成本 ×（1 + 成本利润率）] ÷（1 − 比例税率）
应纳税额 = 组成计税价格 × 比例税率

（3）从价定率和从量定额复合计算：

① 有同类消费品销售价格的，按照纳税人生产的同类消费品的销售价格计算纳税。

应纳税额 = 同类消费品不含增值税的销售单价 × 自产自用数量 × 比例税率 + 自产自用数量 × 定额税率

② 没有同类消费品销售价格的，按照组成计税价格计算纳税。组成计税价格计算公式是：

组成计税价格 = [成本 ×（1 + 成本利润率）+ 自产自用数量 × 定额税率] ÷（1 − 比例税率）
应纳税额 = 组成计税价格 × 比例税率 + 自产自用数量 × 定额税率

【例题 8 · 计算题】 某摩托车厂（增值税一般纳税人）将 1 辆自产摩托车奖励性发给优秀职工，其成本 5 000 元/辆，成本利润率 6%，适用消费税税率 10%。计算应缴纳的消费税和增值税的销项税。

【答案】 组成计税价格＝5 000×(1＋6%)÷(1－10%)＝5 888.89(元)

应纳消费税＝5 888.89×10%＝588.89(元)

增值税销项税额＝5 888.89×13%＝765.56(元)

（二）委托加工环节

1. 从量定额计算

应纳税额 = 委托加工收回数量 × 定额税率

2. 从价定率计算

（1）有同类消费品的销售价格的，按照受托方的同类消费品的销售价格计算纳税，同类消费品的销售价格是指受托方（即代收代缴义务人）当月销售的同类消费品的销售价格。

应纳税额 = 同类消费品不含增值税的销售单价 × 委托加工收回数量 × 比例税率

（2）没有同类消费品销售价格的，按照组成计税价格计算纳税。组成计税价格计算公式是：

组成计税价格 =（材料成本 + 加工费）÷（1 − 比例税率）
应纳税额 = 组成计税价格 × 比例税率

3. 从价定率和从量定额复合计算

（1）有同类消费品的销售价格的，按照受托方的同类消费品的销售价格计算纳税。

应纳税额 = 同类消费品不含增值税的销售单价 × 委托加工收回数量 × 比例税率 + 委托加工收回数量 × 定额税率

（2）没有同类消费品销售价格的，按照组成计税价格计算纳税。组成计税价格计算公式是：

组成计税价格 =（材料成本 + 加工费 + 委托加工收回数量 × 定额税率）÷（1 − 比例税率）

应纳税额 = 组成计税价格 × 比例税率 + 委托加工收回数量 × 定额税率

其中，材料成本是指委托方所提供加工材料的实际成本，不包括增值税税额。加工费是指受托方加工应税消费品向委托方所收取的全部费用，包括代垫辅助材料的实际成本，不包括增值税税额。

4. 如果受托方没有代收代缴消费税，委托方应补交税款，补税的计税依据为：

（1）已直接销售的：按销售额计。

（2）未销售或不能直接销售的：按组价计税（委托加工业务的组价）。

【例题 9 · 计算题】 甲企业为增值税一般纳税人，4 月接受某烟厂委托加工烟丝，甲企业自行提供烟叶的成本为 35 000 元，代垫辅助材料 2 000 元（不含税），发生加工支出 4 000 元（不含税）；甲企业当月允许抵扣的进项税额为 340 元。烟丝的成本利润率为 5%。计算甲企业应纳消费税和应纳增值税。

【答案】 组成计税价格＝(35 000＋2 000＋4 000)×(1＋5%)÷(1－30%)＝61 500(元)

应纳消费税＝61 500×30%＝18 450(元)

应纳增值税＝61 500×13%－340＝7 655(元)

（三）进口环节

1. 从量定额计算

应纳税额 = 应税消费品进口数量 × 定额税率

2. 从价定率计算

实行从价定率办法计算纳税的组成计税价格计算公式：

组成计税价格 =（关税完税价格 + 关税）÷（1 − 比例税率）

应纳税额 = 组成计税价格 × 比例税率

3. 从价定率和从量定额复合计算

实行从价定率和从量定额复合计算的组成计税价格计算公式：

组成计税价格 =（关税完税价格 + 关税 + 进口数量 × 定额税率）÷（1 − 比例税率）

应纳税额 = 组成计税价格 × 比例税率 + 进口数量 × 定额税率

【例题 10 · 单项选择题】 某外贸公司进口一批小轿车，关税完税价格折合人民币 500 万元，关税率 25%，消费税率 9%，则进口环节应纳消费税（　　）万元。

A. 49.45　　B. 61.81　　C. 65.23　　D. 70.31

【答案】 B

【解析】 进口环节应纳消费税＝500×(1＋25％)÷(1－9％)×9％＝61.81(万元)。

(四) 零售环节

金银首饰、铂金首饰和钻石及钻石饰品以及超豪华小汽车在零售环节缴纳消费税。

应纳税额＝(不含增值税)销售额×比例税率

金银首饰计税依据如表3－2所示。

表3－2　　金银首饰的计税依据

计税依据具体规定	金银首饰与其他产品组成成套消费品销售	销售额全额
	金银首饰连同包装物销售	无论包装是否单独计价，也无论会计上如何算，均应并入金银首饰的销售额，计征消费税
	带料加工的金银首饰	按受托方销售同类金银首饰的销售价格确定计税依据。 没有同类金银首饰销售价格的，按照组成计税价格计算纳税
	以旧换新销售金银首饰	实际收取的不含增值税的全部价款

对既销售金银首饰，又销售非金银首饰的生产经营单位，应将两类商品划分清楚，分别核算销售额。凡划分不清楚或不能分别核算的，在生产环节销售的，一律从高适用税率征收消费税(10％)；在零售环节销售的，一律按金银首饰征收消费税(5％)。

【例题11·计算题】 乙商场零售金银首饰取得含税销售额10.17万元，其中包括以旧换新业务中新首饰的含税销售额5.65万元。在以旧换新业务中，旧首饰作价的含税金额为3.51万元，乙商场实际收取的含税金额为2.26万元。

计算乙商场零售金银首饰应缴纳的消费税、增值税(不考虑进项税)。

【答案】 应纳消费税＝(10.17－5.65)÷1.13×5％＋2.26÷1.13×5％＝0.3(万元)

应纳增值税＝(10.17－5.65)÷1.13×13％＋2.26÷1.13×13％＝1.02(万元)

(五) 批发环节

自2009年5月1日起，在卷烟的“批发环节”加征一道从价计征的消费税。自2015年5月10日起，将卷烟消费税批发环节从价税税率由5％提高至11％，并按0.005元/支加征从量税。

应纳税额＝(不含增值税)销售额×比例税率

注意：烟草“批发企业”将卷烟销售给“零售单位”的，加征一道消费税，批发企业在计算应纳税额时，不得扣除卷烟中已含的生产环节的消费税税款；烟草“批发企业”将卷烟销售给其他烟草“批发企业”的，不缴纳消费税。

【例题12·单项选择题】 卷烟批发企业甲2×20年6月批发销售卷烟500箱，其中批发给另一卷烟批发企业300箱、零售专卖店150箱、个体烟摊50箱。每箱不含税批发价格为13 000元。卷烟批发环节的消费税税率为11％加0.005元/支，甲企业应缴纳的消费税(　　)元。

A. 32 500　　B. 130 000　　C. 195 000　　D. 336 000

【答案】 D

【解析】 甲企业应缴纳的消费税＝13 000×(150＋50)×11%＋200×250＝336 000(元)

(六) 已纳消费税的扣除

1. 准予抵扣的情形

(1) 不能扣除的税目。从允许抵扣税额的税目大类上看，不包括酒类(葡萄酒除外)、小汽车、高档手表、游艇、电池、涂料。

(2) 不能跨税目抵扣。允许扣税的只涉及同一税目中的应税消费品的连续加工，不能跨税目抵扣。

(3) 不得跨环节抵扣。在零售环节纳税的金、银、铂金、钻石饰品不得抵扣外购或委托加工收回的珠宝玉石的已纳税款。卷烟批发企业在计算缴纳消费税时，不得扣除该批卷烟在生产环节已纳的消费税税款。

【例题 13·单项选择题】 根据消费税法律制度的规定，下列各项中，委托加工收回的应税消费品的已纳税款可以扣除的是(　　)。

A. 以委托加工收回的已税小汽车为原料生产的小汽车

B. 以委托加工收回的已税化妆品为原料生产的化妆品

C. 以委托加工收回的已税珠宝、玉石为原料生产的金银首饰

D. 以委托加工收回的已税白酒为原料生产的白酒

【答案】 B

【解析】 ①选项 AD:"酒""小汽车""高档手表"和"游艇"四个税目不涉及已纳消费税抵扣的问题。②选项 C:以委托加工收回的已税珠宝、玉石为原料生产的贵重首饰及珠宝、玉石，可以抵扣委托加工环节已纳的消费税；但是，纳税人用委托加工收回的已税珠宝、玉石为原料生产的改在零售环节征收消费税的金银首饰，在计税时一律不得扣除委托加工收回的珠宝、玉石原料的已纳消费税税款。

2. 准予抵扣的数量

当期准予扣除的外购或委托加工收回的应税消费品的已纳消费税税款，应按当期"生产领用数量"计算。

注意：在计算增值税一般纳税人的当期增值税应纳税额时，如果取得了增值税专用发票并通过认证的，可以全额抵扣，与"生产领用数量"无关。

【例题 14·计算题】 某卷烟生产企业期初库存烟丝 200 万元，本月购进烟丝，取得增值税专用发票，支付价款 150 万元，增值税税额为 25.5 万元，购进的烟丝数量共计 5 吨，本月生产领用外购烟丝 4 吨。计算本期可以抵扣的烟丝消费税。

【答案】 本期可以抵扣的烟丝消费税＝150÷5×4×30%＝36(万元)

六、消费税的征收管理

1. 消费税的纳税义务发生时间

(1) 纳税人采取赊销和分期收款结算方式的，为书面合同约定的收款日期的当天；书面合同没有约定收款日期或者无书面合同的，为发出应税消费品的当天。

(2) 纳税人采取预收货款结算方式的，为发出应税消费品的当天。

(3) 纳税人采取托收承付、委托银行收款结算方式的,为发出应税消费品并办妥托收手续的当天。

(4) 纳税人采取其他结算方式,为收讫销售款或者取得索取销售款凭据的当天。

(5) 纳税人自产自用的应税消费品,为移送使用的当天。

(6) 纳税人委托加工应税消费品的,为纳税人提货的当天。

(7) 纳税人进口应税消费品的,为报关进口的当天。

【例题 15 · 多项选择题】 根据消费税法律制度的规定,关于消费税纳税义务发生时间的下列表述中,正确的有(　　)。

A. 纳税人采取预收货款结算方式销售应税消费品的,为收到预收款的当天

B. 纳税人自产自用应税消费品的,为移送使用的当天

C. 纳税人委托加工应税消费品的,为纳税人提货的当天

D. 纳税人进口应税消费品的,为报关进口的当天

【答案】 BCD

【解析】 选项 A:纳税人采取预收货款结算方式的,消费税纳税义务发生时间为发出应税消费品的当天。

2. 消费税的纳税地点

(1) 纳税人销售的应税消费品,以及自产自用的应税消费品,除国务院财政、税务主管部门另有规定外,应当向纳税人机构所在地或者居住地的主管税务机关申报纳税。

(2) 纳税人到外县(市)销售或者委托外县(市)代销自产应税消费品的,于应税消费品销售后,向机构所在地或者居住地主管税务机关申报纳税。

(3) 纳税人的总机构与分支机构不在同一县(市)的,应当分别向各自机构所在地的主管税务机关申报纳税;纳税人的总机构与分支机构不在同一县(市),但在同一省(自治区、直辖市)范围内,经省(自治区、直辖市)财政厅(局)、国家税务局审批同意,可以由总机构汇总后向总机构所在地的主管税务机关申报纳税。

(4) 委托个人加工的应税消费品,由委托方向其机构所在地或者居住地主管税务机关申报纳税。

(5) 进口的应税消费品,由进口人或者其代理人向报关地海关申报纳税。

思考与练习

一、单项选择题

1. 根据消费税法的规定,纳税人用于下列用途的自产应税消费品,不需要缴纳消费税的是(　　)。

A. 用于赞助的应税消费品

B. 用于职工福利的应税消费品

C. 用于个人消费的应税消费品

D. 用于连续生产应税消费品的应税消费品

2. 下列不属于消费税特点的是(　　)。

A. 征收范围具有选择性　　B. 征收环节具有单一性

C. 税负具有转嫁性　　D. 消费税属于价外税

3. 下列选项中，不需要缴纳消费税的是(　　)。

A. 金银首饰的进口　　B. 化妆品的进口

C. 卷烟的委托加工　　D. 啤酒的出厂销售

4. 下列关于消费税委托加工说法正确的是(　　)。

A. 委托加工是指受托方以委托方的名义购买材料，并提供加工劳务

B. 委托加工行为中委托方是纳税人，并由委托方申报缴纳消费税

C. 委托加工的消费税由受托方代收代缴

D. 若受托方为个人，消费税仍由受托方代收代缴

5. 根据消费税法的规定，下列各项中，需要缴纳消费税的是(　　)。

A. 体育上用的发令纸、鞭炮药引线

B. 沙滩车

C. 红木筷子

D. 实木地板

6. 某酒厂于 2×20 年 3 月将自产的 5 吨新型粮食白酒作为职工福利发放给本厂职工。已知该批白酒的成本为 100 000 元，无同类产品市场销售价格；成本利润率为 10%；白酒消费税税率：比例税率 20%，定额税率每 500 克 0.5 元。根据消费税法律制度的规定，该批白酒应缴纳的消费税税额为(　　)元。

A. 27 000　　B. 27 500　　C. 32 500　　D. 33 750

7. 某烟酒批发公司 2×20 年 6 月向烟酒零售商批发卷烟 1 箱，增值税专用发票上注明价款 80 万元，同时批发雪茄烟一箱，开具普通发票，注明价款 88.92 万元，若卷烟批发环节消费税税率 11%加 250 元/箱，雪茄烟消费税税率 36%。此经济行为中该烟酒批发公司需要缴纳的消费税是(　　)元

A. 88 250　　B. 221 600　　C. 194 800　　D. 273 600

8. 甲公司为增值税一般纳税人，2×20 年 1 月进口一批化妆品，海关核定的关税完税价格为 70 万元，甲公司缴纳进口关税 7 万元、进口消费税 33 万元。已知增值税税率为 13%。根据增值税法律制度的规定，甲公司进口该批化妆品应当缴纳的增值税税额为(　　)万元。

A. 17.51　　B. 11.9　　C. 14.3　　D. 13.09

9. 2×20 年 3 月，某卷烟厂从甲企业购进烟丝，取得增值税专用发票，注明价款 50 万元，领用其中的 60%用于生产 A 牌卷烟(甲类卷烟)。本月销售 A 牌卷烟 80 箱(标准箱)，取得不含税销售额 400 万元。已知：甲类卷烟消费税税率为 56%加 150 元/标准箱、烟丝消费税税率为 30%。当月该卷烟厂应纳消费税税额为(　　)万元。

A. 210.20　　B. 216.20　　C. 224　　D. 225.20

10. 某啤酒厂以预收货款方式销售一批啤酒，根据消费税法律制度的规定，该啤酒厂的消费税纳税义务发生时间是(　　)。

A. 啤酒厂发出啤酒的当天　　B. 购买方收到啤酒的当天

C. 收到预收款的当天　　D. 取得索取销售款凭据的当天

二、多项选择题

1. 根据税法规定，下列说法正确的有（　　）。

A. 凡是征收消费税的消费品都属于征收增值税的货物的范畴

B. 凡是征收增值税的货物都征收消费税

C. 应税消费品征收增值税的，其税基含有消费税

D. 应税消费品征收消费税的，其税基不含有增值税

2. 下列应在移送环节缴纳消费税的有（　　）。

A. 日化厂用自制的香水精生产香水

B. 日化厂将自产化妆品作为样品赠送客户

C. 企业将自制的酒精生产跌打正骨水

D. 炼油厂将自产的汽油用于本企业基建部门的车辆

3. 根据消费税法的规定，对下列各项应税消费品，在计算应纳消费税额时采用定额税率从量计征的有（　　）。

A. 烟丝　　B. 酒精

C. 汽油　　D. 黄酒

4. 根据消费税的规定，下列各项中，应并入白酒的销售额计征消费税的有（　　）。

A. 优质费　　B. 逾期付款违约金

C. 包装物的押金　　D. 品牌使用费

5. 下列不可抵扣外购应税消费品的已纳消费税税额的是（　　）。

A. 为生产化妆品而领用的外购已税酒精

B. 为生产金银首饰而领用的外购已税翡翠首饰

C. 为生产实木地板而领用的外购已税实木地板

D. 为生产白酒领用外购已税酒精

三、判断题

1. 纳税人兼营不同税率应税消费品的，一律从高适用税率。（　　）

2. 因为消费税是价内税，所以消费税的计税销售额含增值税。（　　）

3. 舞台、戏剧、影视演员化妆用的上妆油、卸装油、油彩，不征收消费税。（　　）

4. 饮食业、娱乐业自制啤酒缴纳消费税。（　　）

5. 纳税人将不同税率的应税消费品组成成套消费品销售的，如果分别核算不同税率应税消费品的销售额、销售数量的，应按不同税率分别计算不同消费品应纳的消费税。（　　）

6. 委托加工应税消费品收回后直接出售的，应补缴消费税。（　　）

7. 纳税人采取以旧换新方式销售的金银首饰，应按实际收取的不含增值税的全部价款确定计税依据征收消费税。（　　）

8. 纳税人用委托加工收回的已税珠宝玉石生产的改在零售环节征收消费税的金银首饰，可以扣除委托加工收回的珠宝玉石的已纳消费税税款。（　　）

9. 卷烟批发企业在计算缴纳消费税时，不得扣除该卷烟在生产环节已纳的消费税。（　　）

10. 纳税人除委托个体经营者加工应税消费品于委托方收回后在委托方所在地缴纳消费税外，其余的委托加工应税消费品均由受托方在向委托方交货时代收代缴消费税。 （ ）

四、计算题

1. 某高档化妆品生产企业为增值税一般纳税人，2×20 年 4 月从国外进口一批散装高档化妆品，关税完税价格为 150 万元。进口机器设备一套，关税完税价格为 40 万元。本月内该企业将进口的散装高档化妆品的 80%生产加工为成套高档化妆品对外销售，取得不含税销售额 434 万元。

已知：高档化妆品的关税税率为 40%、消费税税率为 15%、增值税税率为 13%；机器设备的关税税率为 20%、增值税税率为 13%。

要求：根据上述资料，分别回答以下问题：

(1) 计算该企业在进口环节应向海关缴纳的关税、消费税、增值税。

(2) 计算该企业在国内生产销售环节应向税务机关缴纳的增值税、消费税。

2. 某市烟草集团公司属增值税一般纳税人，持有烟草批发许可证，2×20 年 6 月购进已税烟丝 800 万元(不含增值税)，委托 M 企业加工甲类卷烟 500 箱(250 条/箱，200 支/条)，M 企业按每箱 0.1 万元收取加工费(不含税)，当月 M 企业按正常进度投料加工生产卷烟 200 箱交由集团公司收回，集团公司将其中 20 箱销售给烟草批发商 N 企业，取得含税销售收入 86.58 万元；80 箱销售给烟草零售商 Y 专卖店，取得不含税销售收入 320 万元。(说明：烟丝消费税税率为 30%，甲类卷烟生产环节消费税税率为 56%加 0.003 元/支，批发环节消费税税率为 11%加0.005 元/支。)

要求：根据以上资料，按以下顺序回答问题，每问需计算出合计数。

(1) 计算 M 企业当月应代收代缴的消费税。

(2) 计算集团公司向 N 企业销售卷烟应缴纳的消费税。

(3) 计算集团公司向 Y 专卖店销售卷烟应缴纳的消费税。

3. 某白酒生产企业(简称“甲企业”)为增值税一般纳税人，2×20 年 7 月发生以下业务：

(1) 向某烟酒专卖店销售粮食白酒 20 吨，开具普通发票，取得含增值税收入 200 万元，另收取品牌使用费 50 万元、包装物租金 20 万元。

(2) 提供 10 万元的原材料委托乙企业加工散装药酒 1 000 公斤，收回时向乙企业支付不含增值税的加工费 1 万元，乙企业已代收代缴消费税。

(3) 委托加工收回后将其中 900 公斤散装药酒继续加工成瓶装药酒 1 800 瓶，以每瓶不含税售价 100 元销售，当月全部对外销售。

已知：白酒适用的增值税税率为 13%；药酒的消费税税率为 10%；白酒的消费税税率为 20%加 0.5 元/500 克。

要求：根据上述资料，回答下列问题(结果用万元表示)。

(1) 计算本月甲企业向专卖店销售白酒应缴纳的消费税。

(2) 计算乙企业已代收代缴的消费税。

(3) 计算本月甲企业销售瓶装药酒应缴纳的消费税。

第四章　关　税　法

本章基本内容框架

- 关税概述
  - 关税的概念
  - 关税的分类
  - 关税的作用
- 征税对象与纳税义务人、税率
  - 征税对象
  - 纳税义务人
  - 税率
- 应纳税额的计算
  - 关税计征方式
  - 从价税应纳税额的计算
  - 从量税应纳税额的计算
  - 复合税应纳税额的计算
  - 滑准税应纳税额的计算
- 税收优惠
  - 法定减免税
  - 特定减免税
- 征收管理
  - 关税缴纳
  - 关税的强制执行
  - 关税退还
  - 关税补征和追征
  - 关税纳税争议
- 船舶吨税
  - 征税范围、税率
  - 应纳税额的计算
  - 税收优惠
  - 征收管理

重点、难点讲解及典型例题

一、关税概述

（一）关税的含义

关税是海关依法对进出境货物、物品征收的一种税。

（1）所谓“境”指关境，又称“海关境域”或“关税领域”，是国家《海关法》全面实施的领域。关境与国境有时不一致。

（2）海关在征收进口货物、物品关税的同时，还代征进口增值税和消费税。

（二）关税的分类(见表4-1)

表4-1　关税分类表

分类对象	具体分类
按征收对象划分	（1）进口税 （2）出口税 （3）过境税
按征收目的划分	（1）财政关税 （2）保护关税
按计征方式划分	（1）从价税 （2）从量税 （3）复合税 （4）选择税 （5）滑准税
按税率制定划分	（1）自主关税 （2）协定关税
按差别待遇和特定的实施情况划分	（1）进口附加税 （2）差价税 （3）特惠税 （4）普遍优惠制

【例题1·多项选择题】 按照征收目的划分，关税可分为（　　）。

A. 进口税　　　　B. 出口税

C. 财政关税　　　　D. 保护关税

【答案】 CD

（三）关税的作用

（1）维护国家主权和经济利益。

（2）保护和促进本国工农业生产的发展。

（3）调节国民经济和对外贸易。

（4）筹集国家财政收入。

二、征税对象与纳税义务人、税率

(一) 征税对象

关税的征税对象是指准许进出境的货物和物品。货物是指贸易性商品；物品是指入境旅客随身携带的行李物品、个人邮递物品、各种运输工具上的服务人员携带进口的自用物品、馈赠物品以及以其他方式进境的个人物品。

(二) 纳税义务人(见表4-2)

表4-2　关税纳税义务人

具体情况	纳税义务人
进口货物	收货人
出口货物	发货人
进出境物品	所有人和推定所有人(携带人、收件人、寄件人或托运人)

【例题2·多项选择题】 下列各项中，属于关税法定纳税义务人的有(　　)。

A. 进口货物的收货人

B. 进口货物的代理人

C. 出口货物的发货人

D. 出口货物的代理人

【答案】 AC

【解析】 关税纳税人为进口货物收货人、出口货物发货人、进出境物品的所有人。

(三) 税率

1. 进出口税则

进出口税则是一国政府根据国家关税政策和经济政策，通过一定的立法程序制定公布实施的进出口货物和物品应税的关税税率表。

2. 进出口关税税率

进口税则设有最惠国税率、协定税率、特惠税率、普通税率、关税配额税率共五种税率，一定时期内可实行暂定税率。

3. 原产地的规定

我国采用的原产地标准有两个：全部产地生产标准、实质性加工标准。

(1) 全部产地生产标准，是指进口货物“完全在一个国家内生产或制造”，生产或制造国即为该货物的原产国。

(2) 实质性加工标准是适用于确定有两个或两个以上国家参与生产的产品原产国的标准。

“实质性加工”是指产品加工后，在进出口税则中四位数税号一级的税则归类已经有了改变，或者加工增值部分所占新产品总值的比例已超过30%及以上的。

【例题3·多项选择题】 下列有关进口货物原产地的确定，符合我国关税相关规定的有(　　)。

A. 从俄罗斯船只上卸下的海洋捕捞物，其原产地为俄罗斯

B. 在澳大利亚开采并经新西兰转运的铁矿石，其原产地为澳大利亚

C. 由中国台湾提供棉纱，在越南加工成衣，经中国澳门包装转运的西服，其原产地为越南

D. 在南非开采并经中国香港加工的钻石，加工增值部分占该钻石总值比例为20%，其原产地为中国香港

【答案】 ABC

4. 出口关税税率

对出口商品计征出口关税，税率为20%～40%，对部分商品实行暂定税率。

5. 特别关税

特别关税包括报复性关税、反倾销税与反补贴税、保障性关税。

三、应纳税额的计算

（一）关税计征方式

关税按计征方式划分，有从价税、从量税、复合税、选择税和滑准税（见表4-3）。

表4-3　关税计征方法

种类	计征方法	优点
从价税	是以应征税额占货物价格或者价值的百分比为税率	税负公平明确、易于实施
从量税	是以进口商品的数量、重量、体积、容量等计量单位为计税依据	税额计算简便，通关手续快捷，并能起到抑制质次价廉商品或故意低瞒价格商品的进口
复合税	是对某种进口商品同时使用从价和从量计征的一种计征关税的方法	既可以发挥从量税抑制低价商品进口的特点，又可以发挥从价税税负合理、稳定的特点
选择税	是对一种进口商品同时定有从价税和从量税两种税率，征税根据物价水平，选择较高的一种适用	不仅能保护国家财政收入，还可较好地保护本国产业，但由于选择税通常就高不就低，征税标准摇摆不定，致使海关计税手续繁杂
滑准税	是一种关税税率随进口商品价格由高到低而由低到高设置计征关税的方法	可保持滑准税商品的国内市场价格的相对稳定，尽可能减少国际市场价格波动的影响

（二）从价税应纳税额的计算

$$\text{关税税额} = \text{应税进（出）口货物的关税完税价格} \times \text{税率}$$

1. 一般进口货物的完税价格

（1）以成交价格为基础的完税价格。进口货物的完税价格包括货物的货价、货物运抵我国境内输入地起卸前的运输及其相关费用、保险费。

$$\text{进口货物完税价格} = \text{货价} + \text{采购费用（包括货物运抵中国关境内输入地起卸前的运输、保险和其他劳务等费用）}$$

（2）实付或应付价格调整规定。

关税完税价格包含项目如表4-4所示。

表 4-4　　关税完税价格包含项目

计入完税价格的项目	不计入完税价格的项目
(1) 由买方负担的除购货佣金以外的佣金和经纪费； (2) 由买方负担的与该货物视为一体的容器费用； (3) 由买方负担的包装材料和包装劳务费用； (4) 与该货物的生产和向我国境内销售有关的，在境外开发、设计等相关服务的费用； (5) 与该货物有关并作为卖方向我国销售该货物的一项条件，应当由买方直接或间接支付的特许权使用费； (6) 卖方直接或间接从买方对该货物进口后转售、处置或使用所得中获得的收益	(1) 厂房、机械、设备等货物进口后的基建、安装、装配、维修和技术服务的费用； (2) 货物运抵境内输入地点之后的运输费用； (3) 进口关税及其他国内税； (4) 为在境内复制进口货物而支付的费用； (5) 境内外技术培训及境外考察费用

【例题 4·多项选择题】 下列各项中，应当计入进口货物关税完税价格的有(　　)。

A. 由买方负担的购货佣金

B. 由买方负担的境外包装材料费用

C. 由买方负担的境外包装劳务费用

D. 由买方负担的进口货物视为一体的容器费用

【答案】 BCD

2. 特殊进口货物的完税价格

(1) 加工贸易进口料件及其制成品：

① 进口时需征税的进料加工进口料件：为该料件申报进口时的价格。

② 内销的进料加工进口料件或其制成品：为料件原进口时的价格。

③ 内销的来料加工进口料件或其制成品：为接受申报内销时的相同或类似货物进口成交价。

④ 加工企业内销加工过程中产生的边角料或副产品：为海关确定的内销价格。

(2) 保税区、出口加工区货物。从保税区或出口加工区销往区外、从保税仓库出库内销的进口货物(加工进口料件及其制成品除外)，以海关审定的价格估定完税价格。

(3) 运往境外修理的货物：以海关审定的境外修理费和料件费为完税价格。

(4) 运往境外加工的货物。以海关审定的境外加工费和料件费以及该货物复运进境的运输及其相关费用、保险费估定完税价格。

(5) 暂时进境货物。对于经海关批准的暂时进境的货物，应当按照一般进口货物估价办法的规定估定完税价格。

(6) 租赁方式进口货物：

① 以租金方式对外支付：在租赁期间以海关审定的租金作为完税价格。

② 留购的租赁货物：海关审定的留购价格作为完税价格。

③ 承租人申请一次性缴纳税款的：经海关同意，按照一般进口货物估价办法的规定估定完税价格。

(7) 予以补税的减免税货物：原进口的价格扣除折旧部分。

(8) 以其他方式进口的货物。以易货贸易、寄售、捐赠、赠送等其他方式进口的货物，应当按照一般进口货物估价办法的规定，估定完税价格。

3. 出口货物的完税价格

出口货物的完税价格，由海关以该货物向境外销售的成交价格为基础审查确定，并应包括货物运至我国境内输出地点装载前的运输及其相关费用、保险费，但其中包含的出口关税税额，应当扣除(见表4-5)。

表4-5 出口完税价格构成要素

出口货物完税价格的构成因素	不计入完税价格的因素
FOB—出口关税—单独列明的支付给境外的佣金	(1) 出口关税； (2) 离岸后运保费； (3) 在货物价款中单独列明的由买方承担的佣金

【例题5·单项选择题】 下列各项中，应计入出口货物完税价格的是( )。

A. 出口关税税额

B. 单独列明的支付给境外的佣金

C. 货物在我国境内输出地点装载后的运输费用

D. 货物运至我国境内输出地点装载前的保险费

【答案】 D

4. 进出口货物完税价格中的运输及相关费用、保险费的计算

(1) 以一般陆、空、海运方式进口货物：

① 海运进口货物，计算至该货物运抵境内的卸货口岸或内河(江)口岸。

② 陆运进口货物，计算至该货物运抵境内的第一口岸或目的地口岸。

③ 空运进口货物，计算至该货物运抵境内的第一口岸或目的地口岸。

(2) 以其他方式进口货物。邮运进口货物，以邮费作为运输、保险等相关费用；以境外边境口岸价格条件成交的铁路或公路运输进口货物，按货价的1%计算运输及相关费用、保险费。

(3) 出口货物。出口货物的销售价格如果包括离境口岸到境外口岸之间的运输、保险费的，该运费、保险费应当扣除。

从量税应纳税额的计算：

$$关税税额 = 应税进(出)口货物数量 \times 单位税额$$

复合税应纳税额的计算：

$$关税税额 = 应税进(出)口货物数量 \times 单位税额 + 应税进(出)口货物的完税价格 \times 税率$$

滑准税应纳税额的计算：

$$关税税额 = 应税进(出)口货物的完税价格 \times 滑准税税率$$

四、税收优惠

(一) 法定减免税

法定减免税是指依照关税基本法规的规定，对列举的课税对象给予减免的规定。

(二) 特定减免税

特定减免税也称政策性减免税，在法定减免税之外，国家按照国际通行规则和我国情

况，制定发布的有关进出口货物减免关税的政策，称为特定或政策性减免税。

五、征收管理

(一) 关税缴纳

(1) 申报时间：进口货物自运输工具申报进境之日起 14 日内；出口货物在运抵海关监管区后装货的 24 小时以前。

(2) 纳税期限：关税的纳税义务人或其代理人，应在海关填发税款缴纳证之日起 15 日内向指定银行缴纳。

(3) 不能按期缴纳税款，经海关总署批准，可延期缴纳，但最长不得超过 6 个月。

(二) 关税的强制执行

关税的强制执行措施包括征收关税滞纳金和强制征收。

1. 征收关税滞纳金

$$关税滞纳金金额 = 滞纳关税税额 \times 滞纳金征收比率(5‱) \times 滞纳天数$$

2. 强制征收

如纳税义务人自海关填发缴款书之日起 3 个月仍未缴纳税款，经海关关长批准，海关可以采取强制扣缴、变价抵缴等强制措施。

【例题 6 · 单项选择题】 某公司进口一批货物，海关于 2×20 年 3 月 1 日填发税款缴款书，但公司迟至 3 月 27 日才缴纳 500 万元的关税。海关应征收关税滞纳金(　　)万元。

A. 2.75　　B. 3　　C. 6.5　　D. 6

【答案】 B

(三) 关税退还

关税退还是关税纳税义务人按海关核定的税额缴纳关税后，因某种原因的出现，海关将实际征收多于应当征收的税额(称为溢征关税)退还给原纳税义务人的一种行政行为。溢征关税海关发现，应立即退还。纳税人发现，申请时限为缴纳税款之日起 1 年内。

(四) 关税补征和追征

关税补征是因非纳税人违反海关规定造成的少征或漏征关税，关税补征期为缴纳税款或货物放行之日起 1 年内。

关税追征是因纳税人违反海关规定造成少征或漏征关税，关税追征期为进出口货物完税之日或货物放行之日起 3 年内，并加收 5‱的滞纳金。

(五) 关税纳税争议

在纳税义务人同海关发生纳税争议时，可以向海关申请复议，但同时应当在规定期限内按海关核定的税额缴纳关税，逾期则构成滞纳，海关有权按规定采取强制执行措施。

六、船舶吨税

(一) 征税范围、税率

(1) 征税范围：自中华人民共和国境外港口进入境内港口的船舶。

(2) 税率：定额税率，分为优惠税率和普通税率。

(二) 应纳税额的计算

吨税按照船舶净吨位和吨税执照期限征收,应纳税额按照船舶净吨位乘以适用税率计算。

应纳税额 = 船舶净吨位 × 定额税率(元)

(三) 税收优惠

1. 直接优惠(9 项)

(1) 应纳税额在人民币 50 元以下的船舶。

(2) 自境外以购买、受赠、继承等方式取得船舶所有权的初次进口到港的空载船舶。

(3) 吨税执照期满后 24 小时内不上下客货的船舶。

(4) 非机动船舶(不包括非机动驳船)。

(5) 捕捞、养殖渔船。

(6) 避难、防疫隔离、修理、终止运营或者拆解,并不上下客货的船舶。

(7) 军队、武装警察部队专用或者征用的船舶。

(8) 依照法律规定应当予以免税的外国驻华使领馆、国际组织驻华代表机构及其有关人员的船舶。

(9) 国务院规定的其他船舶。

2. 延期优惠(3 项)

(1) 避难、防疫隔离、修理,并不上下客货。

(2) 军队、武装警察部队征用。

(3) 应税船舶因不可抗力在未设立海关地点停泊的,船舶负责人应当立即向附近海关报告,并在不可抗力原因消除后,向海关申报纳税。

(四) 征收管理

(1) 征收机关:海关。

(2) 纳税义务发生时间:应税船舶进入港口当日。

(3) 纳税期限:应税船舶负责人应当自海关填发吨税缴款凭证之日起 15 日内向指定银行缴清税款。未按期缴清税款的,自滞纳税款之日起,按日加收滞纳税款 0.5‰的滞纳金。

(4) 纳税担保:应税船舶到达港口之前,经海关核准先行申报并办结出入境手续的,应税船舶负责人应当向海关提供与其依法履行吨税缴纳义务相适应的担保,应税船舶到达港口后,向海关申报纳税。

下列财产、权利可用于担保:

(1) 人民币、可自由兑换货币。

(2) 汇票、本票、支票、债券、存单。

(3) 银行、非银行金融机构的保证。

(4) 海关依法认可的其他财产、权利。

5. 领取吨税执照后船舶变化的处理

应税船舶在吨税执照期限范围内,因修理导致净吨位变化的,吨税执照继续有效。应税船舶办理出入境手续时,应当提供船舶经过修理的证明文件。

因船籍改变导致适用税率变化的，应税船舶办理出入境手续时，应当提供船籍变化的证明文件。

6. 执照毁损或遗失

吨税执照在期满前毁损或遗失的，应当向原发照海关书面申请核发吨税执照副本，不再补税。

思考与练习

一、单项选择题

1.（　　）是指对同一种进口货物，由于输出国或生产国不同，或输入情况不同而使用不同税率征收的关税。

A. 反倾销税　　B. 歧视关税

C. 报复关税　　D. 优惠关税

2.（　　）是指对某种货物在税则中预先按照该商品的价格规定几档税率，价格高的该物品适用较低税率，价格低的该货物适用较高税率，目的是使该物品的价格在国内市场上保持稳定。

A. 反倾销税　　B. 复合关税

C. 滑动关税　　D. 歧视关税

3. 下列各项中，（　　）不属于关税的纳税义务人。

A. 进口货物的收货人　　B. 出口货物的发货人

C. 进境物品的所有人　　D. 进口货物的发货人

4. 当一个国家存在自由港、自由区时，该国国境（　　）关境。

A. 大于　　B. 等于

C. 小于　　D. 无法比较

5.（　　）是指缔约国一方承诺现在或将来给予第三方的一切优惠、特权或豁免等待遇，缔约国另一方可以享受同样待遇。

A. 互惠关税　　B. 特惠关税

C. 最惠国待遇关税　　D. 普遍优惠制关税

6. 根据我国关税法规，减免进出口关税的权限属于（　　）。

A. 中央　　B. 地方　　C. 省　　D. 市

7. 下列关于特殊进口货物关税完税价格确定的表述中，不符合我国关税规定的有（　　）。

A. 某高校转让 2 年前免税进口的检测设备，以原入境到岸价作为完税价格

B. 某外商在境内参展时直接出售给顾客的参展化妆品，以海关审定留购价作为完税价格

C. 某医院接受中国香港赛马会无偿捐赠的救护车辆，以一般进口货物估价办法估定完税价格

D. 某石油企业以支付租金方式从境外承租的海上钻井平台，以海关审定的租金作为完

税价格

8. 任何国家或者地区对其进口的原产于我国的货物征收歧视性关税或者给予其他歧视性待遇的，我国对原产于该国家或者地区的进口货物征收（　　）。

A. 保障性关税　　B. 反倾销税

C. 报复性关税　　D. 反补贴税

9. 根据我国税法规定，进口货物以海关审定的成交价格为基础的（　　）为完税价格。

A. 公允价格　　B. 到岸价格

C. 离岸价格　　D. 货价

10. 2×18 年 6 月 1 日，某公司经批准进口一台符合国家特定免征关税的科研设备用于研发项目，设备进口时经海关审定的完税价格折合人民币 800 万元（关税税率为 10%），海关规定的监管年限为 5 年；2×20 年 5 月 31 日，公司研发项目完成后，将已计提折旧 200 万元的免税设备出售给国内另一家企业。该公司应补缴关税（　　）万元。

A. 24　　B. 32　　C. 48　　D. 80

二、多项选择题

1. 下列（　　）进出口货物，免征关税。

A. 无商业价值的广告品和货样

B. 外国政府、国际组织无偿赠送的物资

C. 在海关放行前损失的货物

D. 进出境运输工具装载的途中必需的燃料、物料和饮食用品

2. 进口货物的下列（　　）费用应当计入完税价格。

A. 由买方负担的购货佣金

B. 由买方负担的在审查确定完税价格时与该货物视为一体的容器的费用

C. 由买方负担的包装材料费用和包装劳务费用

D. 作为该货物向中华人民共和国境内销售的条件，买方必须支付的、与该货物有关的特许权使用费

3. 进口时在货物的价款中列明的下列（　　），不计入该货物的完税价格。

A. 机械、设备进口后进安装、装配、维修和技术服务的费用

B. 进口货物运抵境内输入地点起卸后的运输及其相关费用、保险费

C. 由买方负担的购货佣金以外的佣金和经纪费

D. 进口关税及国内税收

4. 下列各项中，（　　）属于优惠关税。

A. 互惠关税　　B. 特惠关税

C. 最惠国待遇关税　　D. 普遍优惠制关税

5. 按照关税的计征方式，可以将关税分为（　　）。

A. 从量关税　　B. 从价关税

C. 复合关税　　D. 选择性关税

三、判断题

1. 海关发现海关监管货物因纳税义务人违反规定造成少征或者漏征税款的，应当自纳税义务人应缴纳税款之日起 3 年内追征税款，并从应缴纳税款之日起按日加收少征或者漏征税款 3‱的滞纳金。（　　）

2. 中华人民共和国准许进出口的货物、进境物品，除法律、行政法规另有规定外，由海关依照规定征收进出口关税。（　　）

3. 进出口货物，应当适用海关接受该货物申报进口或者出口之日实施的税率。（　　）

4. 以租赁方式进口的货物，以海关审查确定该货物的租金作为完税价格。（　　）

5. 出口货物的成交价格，是指该货物出口时卖方为出口该货物应当向买方直接收取和间接收取的价款总额，出口关税应计入完税价格。（　　）

四、计算题

1. 某位于市区的外贸公司 2×20 年进口一批货物，到岸价 120 000 欧元，另支付包装费 4 050 欧元，港口到厂区公路运费 2 000 元人民币，取得国际货物运输发票。当期欧元与人民币汇率 1∶8，关税税率 28%。计算进口环节应纳关税税额。

2. TYO 进出口公司 2×20 年 7 月 22 日从德国进口巨型轮胎一批，该批轮胎采购地的货价为 92 万欧元（人民币外汇牌价 1∶9.95），运抵境内口岸前所支付的运输费用 5 万欧元，保险费 3 万欧元。该轮胎的最惠国税率为 25%，暂定税率为 6%。经海关审定成交价格正常。试计算该公司应纳的关税。

3. 上海某进出口公司从美国进口货物一批，货物以离岸价格成交，成交价格折合人民币 1 410 万元，其中包括单独计价并已经海关审查属实的向境外采购代理人支付的买方佣金 10 万元，但不包括适用该货物而向境外支付的软件费 50 万元、向卖方支付的佣金 15 万元。另支付货物运抵我国上海港的运费、保险费等 35 万元。假设该货物适用的关税税率为 20%、增值税税率 13%、消费税税率 10%。要求：分别计算该公司应纳关税、消费税和增值税。

第五章　特定目的税类

本章基本内容框架

- 城市建设维护税
  - 税率
    - 7%、5%、1%
    - 代征代扣的特殊规定
  - 计税依据
    - 实际缴纳的增值税、消费税
    - 进口不征，出口不退
    - 不包括滞纳金、罚款等
- 教育费附加和地方教育费附加
- 车辆购置税法
  - 纳税义务人和征收范围
  - 税率和纳税依据
    - 10%的比例税率
    - 购买自用，进口自用
    - 最低计税价格
  - 税收优惠
  - 征收管理
- 耕地占用税
  - 纳税义务人和征收范围
  - 税率和计税依据
    - 税率：地区差别定额税率
    - 计税依据：实际占用的耕地面积
  - 税收优惠
- 烟叶税

重点、难点讲解及典型例题

一、城市维护建设税

1. 纳税义务人

缴纳增值税、消费税义务的单位和个人及增值税、消费税代扣代缴、代收代缴义务人。

2010 年 12 月 1 日起，外商投资企业和外国企业及外籍个人开始征收城市维护建设税。

2. 税率

- 地区差别比例税率：7%、5%、1%
- 税率的特殊规定
  - 代征代扣城市维护建设税——缴纳增值税、消费税所在地的规定税率
  - 流动经营无固定纳税地点——缴纳增值税、消费税所在地的规定税率

【例题1·单项选择题】 甲生产企业地处市区，2×20年5月缴纳增值税28万元，当月委托位于县城的乙企业加工应税消费品，乙企业代收消费税15万元。甲企业应缴纳（含被代收）的城市维护建设税（　　）万元。

A. 1.96　　B. 0.75　　C. 2.71　　D. 1.31

【答案】 C

【解析】 28×7%+15×5%=2.71（万元）。

3. 计税依据

城市维护建设税的计税依据是纳税人实际缴纳的增值税、消费税税额，包括被查补的上述增值税、消费税税额，但不包括加收的滞纳金和罚款等非税款项（见表5-1）。

表5-1　城市维护建设税的计税依据

包括	不包括
（1）纳税人实际缴纳的增值税、消费税 （2）纳税人被税务机关查补的增值税、消费税 （3）纳税人出口货物被批准免抵的增值税	（1）纳税人进口环节被海关代征的增值税、消费税 （2）非税款项（被加收的滞纳金、罚款等）

【例题2·多项选择题】 下列各项中，符合城市维护建设税计税依据规定的有（　　）。

A. 偷逃营业税而被查补的税款

B. 偷逃消费税而加收的滞纳金

C. 出口货物免抵的增值税税额

D. 出口产品征收的消费税税额

【答案】 ACD

【解析】 加收的滞纳金属于非税款项，不作为城市维护建设税的计税依据。

4. 应纳税额的计算

城市维护建设税税额的计算公式：

应纳税额＝纳税人实际缴纳的增值税、消费税税额×适用税率

【例题3·计算题】 位于市区的某企业2×20年3月份共缴纳增值税、消费税和关税560万元，其中关税100万元、进口环节缴纳的增值税和消费税260万元，计算该企业3月份应缴纳的城市维护建设税。

【答案】 该企业应缴纳的城市维护建设税＝(560－100－260)×7%＝14（万元）。

5. 税收优惠

【例题4·多项选择题】 下列各项中，符合城市维护建设税征收管理规定的有（　　）。

A. 海关对进口产品代征增值税时，应同时代征城市维护建设税

B. 对增值税实行先征后返的，应同时返还附征的城市维护建设税

C. 对出口产品退还增值税的，不退还已经缴纳的城市维护建设税

D. 纳税人延迟缴纳增值税而加收的滞纳金，不作为城市维护建设税的计税依据

【答案】 CD

【解析】 海关对进口产品代征增值税时，不征收城市维护建设税；对增值税、消费税实行先征后返、先征后退、即征即退办法的，除另有规定外，对随增值税、消费税附征的城市维

护建设税和教育费附加，一律不予退(返)还。

二、车辆购置税

1. 纳税人

在我国境内购置规定的车辆(以下简称“应税车辆”)的单位和个人，为车辆购置税的纳税人。

其中，购置，包括购买、进口、自产、受赠、获奖或者以其他方式取得并自用应税车辆的行为；车辆购置税实行一次性征收制度，购置已征车辆购置税的车辆，不再征收车辆购置税。

2. 征收范围

车辆购置税的征收范围包括汽车、有轨电车、汽车挂车、排气量超过150毫升的摩托车。

3. 税率

车辆购置税采用10%的比例税率。

4. 计税依据

(1) 购买自用。纳税人购买自用的应税车辆的计税价格，为纳税人购买应税车辆而支付给销售者的全部价款和价外费用，但不包括增值税税款。

【例题5·单项选择题】 王某2×20年6月购买一辆汽车自用，支付含增值税价款108 300元。已知，车辆购置税的税率为10%。根据车辆购置税法律制度的规定，王某应缴纳车辆购置税(　　)元。

A. 10 830.41　　B. 10 830　　C. 9 000　　D. 9 584.07

【答案】 D

【解析】 应缴纳车辆购置税=108 300÷(1+13%)×10%=9 584.07(元)。

(2) 最低计税价格。纳税人购买自用或者进口自用应税车辆，申报的计税价格低于同类型应税车辆的最低计税价格，又无正当理由的，按照最低计税价格征收车辆购置税。

【例题6·单项选择题】 2×20年4月，王某在某房地产公司举办的有奖购房活动中中奖获得一辆小汽车，房地产公司提供的机动车销售统一发票上注明价税合计金额为80 000元，国家税务总局核定该类型车辆的车辆购置税最低计税价格为73 000元。根据车辆购置税法律制度的规定，王某应缴纳车辆购置税(　　)元。

A. 6 239.32　　B. 6 837.61　　C. 7 300　　D. 8 000

【答案】 C

【解析】 不含税价格=80 000÷(1+13%)=70 796.46(元)＜73 000元，王某应缴纳车辆购置税=73 000×10%=7 300(元)。

(3) 进口自用。纳税人进口自用的应税车辆的计税价格：

$$组成计税价格 = 关税完税价格 + 关税 + 消费税$$

三、耕地占用税

1. 征税范围

耕地占用税征税范围包括用于建房或从事其他非农业建设而征(占)用的国家所有和集

体所有的耕地。

耕地包括从事农业种植的土地，也包括菜地；花圃、苗圃、茶园、果园、桑园等园地和其他种植经济林木的土地；鱼塘。

对于占用已开发从事种植、养殖的滩涂、草场、水面和林地等从事非农业建设，由省、自治区、直辖市确定是否征收耕地占用税。

【例题7·多项选择题】 根据耕地占用税有关规定，下列各项土地中属于耕地的有（　　）。

A. 果园　　B. 花圃

C. 茶园　　D. 菜地

【答案】 ABCD

【解析】 耕地占用税的征税范围是耕地，所谓耕地是指种植农业作物的土地，包括菜地、园地。其中，园地包括花圃、苗圃、茶园、果园、桑园和其他种植经济林木的土地。

2. 税率

耕地占用税实行地区差别幅度定额税率。人均耕地面积越少，单位税额越高。

【例题8·单项选择题】 经济特区、经济技术开发区和经济发达、人均占有耕地较少的地区，税额可以适当提高，但是最多不得超过规定税额标准的（　　）。

A. 20%　　B. 30%　　C. 50%　　D. 100%

【答案】 C

3. 计税依据

耕地占用税以纳税人实际占用的耕地面积为计税依据。

4. 税额计算

耕地占用税以纳税人实际占用的耕地面积为计税依据，按照规定的适用税额标准计算应纳税额，实行一次性征收。

$$应纳税额 = 纳税人实际占用的耕地面积 \times 适用税额标准$$

四、烟叶税

1. 纳税义务人

中华人民共和国境内收购烟叶的单位为烟叶税的纳税人。

2. 税率

烟叶税实行比例税率，税率为20%。

3. 应纳税额的计算

烟叶税的应纳税额按照纳税人收购烟叶的收购金额和规定的税率计算。应纳税额的计算公式为：

$$应纳税额 = 烟叶收购金额 \times 税率$$

所称“收购金额”，包括纳税人支付给烟叶销售者的烟叶收购价款和价外补贴。

$$收购金额 = 收购价款 \times (1 + 10\%)$$

思考与练习

一、单项选择题

1. 下列关于城市维护建设税的表述中，不正确的有（　　）。

A. 城市维护建设税的纳税人包括外商投资企业

B. 城市维护建设税的纳税环节就是纳税人缴纳增值税、消费税的环节

C. 城市维护建设税实行地区差别比例税率，设置了7%、5%和1%三档税率

D. 进口环节缴纳增值税和消费税的纳税人也是城市维护建设税纳税人

2. 某烟草公司（增值税一般纳税人）收购烟叶，支付烟叶生产者收购价款50 000元，并支付了价外补贴5 000元，则其应纳烟叶税（　　）元。

A. 10 000　　B. 10 800　　C. 11 000　　D. 11 200

3. 依据车辆购置税的有关规定，下列车辆中可以享受法定减免的是（　　）。

A. 国家机关购买的小汽车

B. 留学人员购买的小汽车

C. 有突出贡献专家购买的小汽车

D. 国际组织驻华机构购买的自用小汽车

4. 位于某市甲地板厂为外商投资企业，2×20年8月份购进一批木材，取得增值税发票注明不含税价格800 000元，当月委托位于县城的乙工厂加工成实木地板，支付不含税加工费150 000元。乙工厂11月份交付50%实本地板，12月份完工交付剩余部分。已知实木地板消费税税率为5%，乙工厂12月应代收代缴城市维护建设税（　　）元。

A. 1 250　　B. 1 750　　C. 2 500　　D. 3 500

5. 下列各项中，可以按照当地适用税额减半征收耕地占用税的是（　　）。

A. 供电部门占用耕地新建变电站

B. 农村居民占用耕地新建住宅

C. 市政部门占用耕地新建自来水厂

D. 国家机关占用耕地新建办公楼

6. 某汽车贸易公司2×20年6月进口11辆小轿车，海关审定的关税完税价格为25万元/辆，当月销售8辆，取得含税销售额240万元；2辆企业自用；1辆用于抵偿债务，合同约定的含税价格为30万元。则该公司应纳车辆购置税（　　）万元（小轿车关税税率28%，消费税税率为9%）。

A. 7.03　　B. 5.00　　C. 7.50　　D. 10.55

7. 下列各项中，不属于耕地占用税征税范围的是（　　）。

A. 占用菜地开发花圃

B. 占用果园土地建造住宅区

C. 临时占用耕地

D. 占用养殖的滩涂修建飞机场跑道

8. 位于市区的某内资生产企业为增值税一般纳税人，经营内销与出口业务。4月份实

际缴纳增值税 40 万元，出口货物免抵税额 5 万元。另外，进口货物缴纳增值税 17 万元、消费税 30 万元。该企业 4 月份应缴纳的城市维护建设税为（　　）万元。

A. 2.8　　B. 3.15　　C. 4.6　　D. 6.09

9. 下列各项中，不属于车辆购置税应税行为的有（　　）。

A. 受赠使用应税车辆　　B. 进口使用应税车辆

C. 经销商经销应税车辆　　D. 自产自用应税车辆

10. 某汽车制造厂将自产轿车 10 辆向某汽车租赁公司进行投资，将自产轿车 3 辆转作本企业固定资产，将自产轿车 4 辆奖励给对企业发展有突出贡献的员工。该汽车制造厂应纳车辆购置税的计税依据为（　　）。

A. 投资作价　　B. 轿车售价

C. 核定的最低计税价格　　D. 核定的最高计税价格

二、多项选择题

1. 下列各项中，属于车辆购置税应税行为的有（　　）。

A. 受赠使用应税车辆　　B. 进口使用应税车辆

C. 经销商经销应税车辆　　D. 债务人以应税车辆抵债

2. 下列各项中，应作为城市维护建设税计税依据的有（　　）。

A. 纳税人被查补的增值税、消费税税额

B. 纳税人应缴纳的增值税、消费税税额

C. 经税务局审批的当期免抵增值税税额

D. 缴纳的进口产品增值税税额和消费税税额

3. 下列关于城市维护建设税纳税地点的表述中，正确的有（　　）。

A. 无固定纳税地点的个人，为户籍所在地

B. 代收代缴增值税、消费税的单位，为税款代收地

C. 代扣代缴增值税、消费税的个人，为税款代扣地

D. 取得管道输油收入的单位，为管道机构所在地

4. 下列关于耕地占用税的表述中，正确的有（　　）。

A. 建设直接为农业生产服务的生产设施而占用农用地的，不征收耕地占用税

B. 获准占用耕地的单位或者个人，应当在收到土地管理部门的通知之日起 60 日内缴纳耕地占用税

C. 免征或者减征耕地占用税后，纳税人改变原占地用途，不再属于免征或者减征耕地占用税情形的，应当按照当地适用税额补缴耕地占用税

D. 纳税人临时占用耕地，应当依照规定缴纳耕地占用税，在批准临时占用耕地的期限内恢复原状的，可部分退还已经缴纳的耕地占用税

5. 下列属于城市维护建设税计税依据的是（　　）。

A. 滞纳金和罚款　　B. 进口环节增值税和消费税

C. 查补的增值税和消费税　　D. 实缴的增值税和消费税

三、判断题

1. 海关对进口产品代征的增值税、消费税,不征收城市维护建设税。 ( )

2. 受托方代扣代缴增值税、消费税的纳税人,按受托方所在地适用税率计算代扣代缴的城市维护建设税。 ( )

3. 城市维护建设税的计税依据是纳税人实际缴纳的增值税、消费税税额,包括被查补的上述增值税、消费税税额,同时包括加收的滞纳金和罚款等非税款项。 ( )

4. 烟叶税的“收购金额”,包括纳税人支付给烟叶销售者的烟叶收购价款和价外补贴。 ( )

5. 车辆购置税的应税行为是从各种渠道取得并使用应税车辆的行为。 ( )

四、计算题

1. 某公司(增值税一般纳税人)进口小轿车 30 辆,每辆小轿车货价折合人民币 15 万元,运抵我国海关输入地点起卸前发生的运输费用、保险费用共计 10.38 万元,进口关税税率 60%,消费税税率 9%。分别计算进口环节缴纳的各项税金。

2. 位于某市甲地板厂,2020 年购进木材一批,取得增值税专用发票注明金额 80 万元,当月委托位于县城的乙工厂加工实木地板,加工费 15 万元(不含税)。计算乙工厂应代收代缴的城市维护建设税。(消费税税率 5%)

第六章　资源税类

本章基本内容框架

- 资源税
  - 纳税义务人
    - 开发应税资源的单位和个人
    - 资源税有扣缴义务人的规定
  - 税目、税率
    - 税目
      - 矿产品
        - 能源矿产
        - 金属矿产
        - 非金属矿产
        - 水产矿产
      - 盐类
    - 税率
      - 比例税率
      - 定额税率(极少数)
  - 计税方法
    - 从价定率
    - 从量定额(极少数)
  - 税收优惠与征收管理
    - 税收优惠
    - 纳税义务发生时间
    - 纳税期限、地点

- 土地增值税
  - 纳税义务人
  - 征税范围
    - 转让国有土地使用权
    - 地上建筑物及其附着物连同国有土地使用权一并转让
    - 存量房地产买卖
  - 税率(四级超率累进税率)
  - 应税收入的确定
    - 货币收入
    - 实务收入及其他收入
  - 扣除项目的确定
    - 取得土地使用权所支付的金额
    - 房地产开发成本
    - 房地产开发费用
    - 与转让有关的税金
    - 财政部规定的其他扣除项目(房地产开发企业新建房)
    - 旧房及建筑物的评估价格
  - 应纳税额的计算
    - 增值额的确定
    - 应纳税额的计算方法
  - 房地产开发企业土地增值税清算
  - 税收优惠与征收管理
    - 税收优惠
    - 纳税义务发生时间
    - 纳税期限、地点

- 城镇土地使用税
  - 纳税义务人与征收范围
  - 税率、计税依据和应纳税额的计算
  - 税收优惠
    - 法定免税
    - 省、自治区、直辖市地税局确定减免
  - 征收管理
    - 纳税期限：按年计算、分期缴纳
    - 纳税义务发生时间
    - 纳税地点：土地所在地

重点、难点讲解及典型例题

一、资源税法

(一) 纳税义务人

资源税的纳税义务人是指在中华人民共和国领域及管辖的其他海域开采应税资源的单位和个人。

(1) 资源税是对在中国境内生产或开采应税资源的单位或个人征收，而对进口应税资源产品和盐的单位或个人不征资源税。对出口应税产品也不免征或退还已纳资源税。

(2) 资源税是对开采或生产应税资源进行销售或自用的单位和个人，在出厂销售或移作自用时一次性征收，属于价内税。

(3) 资源税的纳税义务人不仅包括符合规定的中国企业和个人，还包括外商投资企业和外国企业。

(4) 独立矿山、联合企业和其他收购未税矿产品的单位为资源税的扣缴义务人。

【例题 1 · 多项选择题】 下列各项中，属于资源税纳税义务人的有(　　)。

A. 进口盐的外贸企业　　B. 开采原煤的私营企业

C. 生产盐的外商投资企业　　D. 中外合作开采石油的企业

【答案】 BCD

【解析】 资源税进口不征，出口不退。

(二) 税目和税率

1. 税目(征税范围)

资源税的税目目前有 5 大类：

(1) 能源矿产。包括原油；天然气、页岩气、天然气水合物；煤；煤成(层)气；铀、钍；油页岩、油砂、天然沥青、石煤；地热。

(2) 金属矿产。包括黑色金属和有色金属。

(3) 非金属矿产。包括矿物类、岩石类、宝玉石类。

(4) 水气矿产。包括二氧化碳气、硫化氢气、氦气、氡气、矿泉水。

(5) 盐类。包括钠盐、钾盐、镁盐、锂盐、天然卤水、海盐。

【例题 2 · 多项选择题】 下列各项中，应征资源税的有(　　)。

A. 井矿盐　　B. 石灰石原矿　　C. 金锭　　D. 柴油

【答案】 ABC

【解析】 人造石油不征收资源税。

2. 税率

资源税的税率有比例税率和定额税率两种形式。其中，地热、石灰岩、黏土、砂石、矿泉水和天然卤水采用比例税率或定额税率，其他应税资源采用比例税率。

【提示】 经过本次资源税改革，绝大多数应税产品实行从价定率的征收方式。

（三）资源税的纳税环节

1. 纳税环节

资源税由开采或者生产应税资源的单位或个人在应税产品的销售或自用环节计算缴纳，在“进口、批发、零售”等环节不缴纳资源税。

2. 视同销售

（1）纳税人开采或者生产应税产品，自用于连续生产应税产品的，不缴纳资源税。

【提示1】 以自采原矿加工精矿产品的，在原矿移送使用时不缴纳资源税，在精矿销售或自用时缴纳资源税。

【提示2】 纳税人以自采原矿加工金锭的，在金锭销售或自用时缴纳资源税。

【提示3】 纳税人销售自采原矿或者自采原矿加工的金精矿、粗金，在原矿或者金精矿、粗金销售时缴纳资源税，在移送使用时不缴纳资源税。

【提示4】 纳税人将开采的原煤自用于连续生产洗选煤的，在原煤移送使用环节不缴纳资源税；将开采的原煤加工为洗选煤销售的，应当计算缴纳资源税。

（2）纳税人开采或者生产应税产品，自用于连续生产应税产品以外的其他方面的，视同销售，缴纳资源税。

【提示1】 以应税产品投资、分配、抵债、赠与、以物易物等，视同销售，应依法计算缴纳资源税。

【提示2】 纳税人将其开采的原煤加工为洗选煤自用的，视同销售洗选煤，按照规定核定其销售额。

3. 一次课征制度

纳税人同时以自采未税原煤和外购已税原煤加工洗选煤的，应当分别核算；未分别核算的，全部视为以自采未税原煤加工的洗选煤征税。

【提示】 资源税实行一次课征制度，纳税人用已纳资源税的应税产品进一步加工应税产品销售的，原则上不再缴纳资源税。

（四）资源税应纳税额的计算

资源税采取从价定率和从量定额两种方法计征，分别以应税产品的销售额乘以纳税人具体适用的比例税率或者以应税产品的销售数量乘以纳税人具体适用的定额税率计算。

1. 从价定率

资源税采取从价定率方法计征的，以应税产品的销售额乘以纳税人具体适用的比例税率计算应纳税额，即：

$$应纳税额 = 应税产品的销售额 \times 适用的比例税率$$

1）销售额的认定

销售额为纳税人销售应税产品向购买方收取的全部价款和价外费用，但不包括收取的增值税销项税额和运杂费用。

【提示 1】 价外费用，包括价外向购买方收取的手续费、补贴、基金、集资费、返还利润、奖励费、违约金、滞纳金、延期付款利息、赔偿金、代收款项、代垫款项、包装费、包装物租金、储备费、优质费以及其他各种性质的价外收费。

【提示 2】 运杂费用是指应税产品从坑口或洗选（加工）地到车站、码头或购买方指定地点的运输费用、建设基金以及随运销产生的装卸、仓储、港杂费用。

【提示 3】 运杂费用应与销售额分别核算，凡未取得相应凭据或不能与销售额分别核算的，应当一并计征资源税。

【例题 3・单项选择题】 某油田 2×20 年 10 月共计开采原油 8 000 吨，当月销售原油 6 000 吨，取得销售收入（不含增值税）18 000 000 元，同时还向购买方收取违约金 23 400 元，优质费 5 850 元；支付运输费用 20 000 元（运输发票已比对）。已知销售原油的资源税税率为 5%，则该油田 10 月应缴纳的资源税为（　　）元。

A. 900 000　　　B. 900 250　　　C. 901 000　　　D. 901 294.25

【答案】 D

【解析】 取得违约金和优质费属于价外费用，价外费用一般都是含税的，这里要换算成不含税的。应缴纳的资源税＝[18 000 000＋(23 400＋5 850)÷(1＋13%)]×5%＝901 294.25（元）

2）核定销售额

纳税人申报的应税产品销售额明显偏低并且无正当理由的、有视同销售应税产品行为而无销售额的，除财政部、国家税务总局另有规定外，按下列顺序确定销售额

（1）按纳税人最近时期同类产品的平均销售价格确定。

（2）按其他纳税人最近时期同类产品的平均销售价格确定。

（3）按后续加工非应税产品销售价格，减去后续加工环节的成本利润后确定。

（4）按组成计税价格确定。

$$组成计税价格 = 成本 \times (1 + 成本利润率) \div (1 - 资源税税率)$$

（5）按其他合理方法确定。

2. 从量计征

资源税采取从量定额方法计征的，以应税产品的销售数量乘以纳税人具体适用的定额税率计算应纳税额，即：

$$应纳税额 = 应税产品的销售数量 \times 适用的定额税率$$

（1）纳税人开采或者生产应税产品销售的，以“实际销售数量”（而非“生产数量”）为销售数量。

（2）纳税人开采或者生产应税产品自用的，以“移送时的自用数量（包括生产自用和非生产自用）”为销售数量。

【例题 4・单项选择题】 纳税人开采应税矿产品销售的，其资源税的征收数量为（　　）。

A. 开采数量　　B. 实际产量　　C. 计划产量　　D. 销售数量

【答案】 D

【解析】 纳税人开采应税矿产品销售的，资源税的计税数量不是开采量，而是开采或生产的应税资源的销售数量。

3. 外购应税产品购进金额、购进数量的扣减

(1) 纳税人外购应税产品与自采应税产品混合销售或者混合加工为应税产品销售的，在计算应税产品销售额或者销售数量时，准予扣减外购应税产品的购进金额或者购进数量；当期不足扣减的，可结转下期扣减。纳税人应当准确核算外购应税产品的购进金额或者购进数量，未准确核算的，一并计算缴纳资源税。

纳税人核算并扣减当期外购应税产品购进金额、购进数量，应当依据外购应税产品的增值税发票、海关进口增值税专用缴款书或者其他合法有效凭据。

(2) 纳税人以外购原矿与自采原矿混合为原矿销售，或者以外购选矿产品与自产选矿产品混合为选矿产品销售的，在计算应税产品销售额或者销售数量时，直接扣减外购原矿或者外购选矿产品的购进金额或者购进数量。

纳税人以外购原矿与自采原矿混合洗选加工为选矿产品销售的，在计算应税产品销售额或者销售数量时，按照下列方法进行扣减：

$$\begin{matrix}\text{准予扣减的外购应税}\\\text{产品购进金额(数量)}\end{matrix}=\begin{matrix}\text{外购原矿购进}\\\text{金额(数量)}\end{matrix}\times\left(\begin{matrix}\text{本地区原矿}\\\text{适用税率}\end{matrix}\div\begin{matrix}\text{本地区选矿}\\\text{产品适用税率}\end{matrix}\right)$$

不能按照上述方法计算扣减的，按照主管税务机关确定的其他合理方法进行扣减。

【例题5·计算题】 某煤炭企业将外购100万元原煤与自采200万元原煤混合洗选加工为选煤销售，选煤销售额为450万元。当地原煤税率为3%，选煤税率为2%。

在计算应税产品销售额时，准予扣减的外购应税产品购进金额＝外购原煤购进金额×(本地区原煤适用税率÷本地区选煤适用税率)＝100×(3%÷2%)＝150(万元)。

(五) 征收管理

1. 纳税义务发生时间

(1) 纳税人销售应税产品，其纳税义务发生时间为：

a. 纳税人采取分期收款结算方式的，其纳税义务发生时间，为销售合同规定的收款日期的当天。

b. 纳税人采取预收货款结算方式的，其纳税义务发生时间，为发出应税产品的当天。

c. 纳税人采取其他结算方式的，其纳税义务发生时间，为收讫销售款或者取得索取销售款凭据的当天。

(2) 纳税人自产自用应税产品的纳税义务发生时间，为移送使用应税产品的当天。

(3) 扣缴义务人代扣代缴税款的纳税义务发生时间，为支付货款的当天。

【例题6·多项选择题】 下列各项中，符合资源税纳税义务发生时间规定的有(　　)。

A. 采取分期收款结算方式的为实际收到款项的当天

B. 采取预收货款结算方式的为发出应税产品的当天

C. 自产自用应税产品的为移送使用应税产品的当天

D. 采取其他结算方式的为收讫销售款或取得索取销售款凭据的当天

【答案】 BCD

【解析】 采取分期收款结算方式的，其纳税义务发生时间为销售合同规定的收款日期的当天。

2. 纳税期限

纳税期限是纳税人发生纳税义务后缴纳税款的期限。资源税按月或季申报缴纳；不能按固定期限计算缴纳的。可以按次缴纳。纳税人按月或者按季申报缴纳的，应当自月度或者季度终了之日起 15 日内，向税务机关办理纳税申报并缴纳税款；按次申报缴纳的，应当自纳税义务发生之日起 15 日内，向税务机关办理纳税申报并缴纳税款。

3. 纳税地点

(1) 资源税由税务机关征收管理。海上开采的原油和天然气资源税由海洋石油税务管理机构征收管理。

(2) 扣缴义务人代扣代缴的资源税，也应当向收购地主管税务机关缴纳。

二、土地增值税法

(一) 土地增值税的概念及特点

土地增值税是对有偿转让国有土地使用权及地上建筑物和其他附着物产权，取得增值收入的单位和个人征收的一种税。

土地增值税的特点：

(1) 以转让房地产的增值额为计税依据。

(2) 征税面比较广。

(3) 实行超率累进税率。

(4) 实行按次征收。

(二) 纳税义务人与征税范围

1. 纳税义务人

土地增值税的纳税义务人为转让国有土地使用权、地上的建筑物及其附着物并取得收入的单位和个人。不论法人与自然人，不论经济性质，不论内资与外资企业、中国公民与外籍个人。不论部门，即不论是工业、农业、商业、学校、医院、机关等，只要有偿转让房地产，都是土地增值税的纳税人。

【例题 7 · 多项选择题】 下列单位中，属于土地增值税纳税人的有(　　)。

A. 建造房屋的施工单位　　B. 中外合资房地产公司

C. 转让国有土地的事业单位　　D. 房地产管理的物业公司

【答案】 BC

【解析】 土地增值税的纳税义务人是转让国有土地使用权、地上建筑物及其附着物并取得收入的单位和个人。包括内外资企业、行政事业单位、中外籍个人等。

2. 征税范围

(1) 转让国有土地使用权。

(2) 地上的建筑物及其附着物连同国有土地使用权一并转让。

(3) 存量房地产的买卖。

对于房地产的征税范围，可归纳为应征、不征、免征三个方面。现将具体情况总结如下（见表6-1）。

表6-1　具体情况的判定

应征	不征	免征
① 出售国有土地使用权 ② 取得土地使用权后进行房屋开发建造然后出售的 ③ 存量房地产买卖 ④ 抵押期满以房地产抵债（发生权属转让） ⑤ 单位之间交换房地产（有实物形态收入） ⑥ 投出方或接受方属于房地产开发的房地产投资 ⑦ 投资联营后将投入的房地产再转让的 ⑧ 合作建房建成后转让的	① 房地产继承（无收入） ② 房地产有条件的赠与（无收入） ③ 房地产出租（权属未变） ④ 房地产抵押期内（权属未变） ⑤ 房地产的代建房行为（权属未变） ⑥ 房地产重新评估增值（无权属转移）	① 个人互换自有居住用房地产 ② 合作建房建成后按比例分房自用 ③ 与房地产商无关的投资联营，将房地产转让到投资企业 ④ 企业兼并，被兼并企业将房地产转让到兼并企业中

【例题8·单项选择题】 下列各项中，属于土地增值税征收范围的是（　　）。

A. 房地产的出租行为　　B. 房地产的抵押行为

C. 房地产的重新评估行为　　D. 个人互换自有住房的行为

【答案】 D

【解析】 选项A，出租不交土地增值税。选项B，抵押期间不交。选项C，不属于土地增值税征税范围。

（三）税率、应税收入与扣除项目

1. 税率

土地增值税的税率是以转让房地产增值率的高低为依据来确认，采用四级超率累进税率（见表6-2），增值率高的，税率高，多纳税；增值率低的，税率低，少纳税。

表6-2　土地增值税四级超率累进税率表

级数	增值额与扣除项目金额的比率	税率	速算扣除系数
1	不超过50%（含）的部分	30%	0
2	超过50%至100%（含）的部分	40%	5
3	超过100%至200%（含）的部分	50%	15
4	超过200%的部分	60%	35

2. 应税收入

根据《土地增值税暂行条例》及其《实施细则》的规定，纳税人转让房地产取得的应税收入，应包括转让房地产的全部价款及有关的经济收益。从收入的形式来看，包括货币收入、实物收入和其他收入。

（1）货币收入。货币收入是指纳税人转让房地产而取得的现金、银行存款、支票、银行本票、汇票等各种信用票据和国库券、金融债券、企业债券、股票等有价证券。这些类型的收入其实质都是转让方因转让土地使用权、房屋产权而向取得方收取的价款。货币收入一般比较容易确定。

(2) 实物收入。实物收入是指纳税人转让房地产而取得的各种实物形态的收入，如钢材、水泥等建材，房屋、土地等不动产等。实物收入的价值不太容易确定，一般要对这些实物形态的财产进行估价。

(3) 其他收入。其他收入是指纳税人转让房地产而取得的无形资产收入或具有财产价值的权利，如专利权、商标权、著作权、专有技术使用权、土地使用权、商誉权等。这种类型的收入比较少见，其价值需要进行专门的评估。

3. 扣除项目的确定

(1) 取得土地使用权所支付的金额。

(2) 房地产开发成本。

(3) 房地产开发费用。

(4) 与转让房地产有关的税金。

(5) 财政部确定的其他扣除项目。

(6) 旧房及建筑物的评估价格。

需要注意的是，转让主体(房地产开发企业、非房地产开发企业)的不同、转让标的物(新建房、存量房、土地使用权)的不同，计算土地增值额时准予从转让收入中扣除的项目也不同。

【例题9·计算题】 某生产企业2×20年销售一栋8年前建造的办公楼，取得销售收入1 200万元。该办公楼原值700万元，已计提折旧400万元。经房地产评估机构评估，该办公楼的重置成本为1 400万元，成新度折扣率为五成，销售时缴纳各种税费共计72万元。该生产企业销售办公楼应缴纳土地增值税。

【解析】

扣除项目＝1 400×50%＋72＝772(万元)

增值额＝1 200－772＝428(万元)

增值率＝428÷772＝55.44%

应纳土地增值税＝428×40%－772×5%＝132.6(万元)。

土地增值税可扣除项目的确定如表6-3所示。

表6-3　　土地增值税可扣除项目的确定

转让主体	转让标的物	可扣除项目
房地产开发企业	新建房	(1) 取得土地使用权所支付的金额 (2) 房地产开发成本 (3) 房地产开发费用 (4) 与转让房地产有关的税金 (5) 其他扣除项目(加计扣除)
非房地产开发企业	新建房	(1) 取得土地使用权所支付的金额 (2) 房地产开发成本 (3) 房地产开发费用 (4) 与转让房地产有关的税金：①印花税；②城市维护建设税、教育费附加和地方教育费附加

（续表）

转让主体	转让标的物	可扣除项目
各类企业	存量房	（1）取得土地使用权所支付的金额 （2）转让环节缴纳的税金：①印花税；②城市维护建设税、教育费附加和地方教育费附加；③购房契税 （3）房屋及建筑物的评估价格
各类企业	单纯转让未经开发的土地	（1）取得土地使用权所支付的金额 （2）转让环节缴纳的税金：①印花税；②城市维护建设税、教育费附加和地方教育费附加

（四）应纳税额的计算

1. 增值额的确定

增值额是纳税人转让房地产所取得的收入减除规定的扣除项目后的余额。

2. 应纳税额的计算

土地增值税按照纳税人转让房地产所取得的增值额和规定的税率计算征收。土地增值税的计算公式是：

$$应纳税额 = \sum(每级距的土地增值额 \times 适用税率)$$

但在实际工作中，分步计算比较繁琐，一般可以采用速算扣除法计算，即用增值额乘以适用的税率减去扣除项目金额乘以速算扣除系数，具体公式如下：

$$应纳税额 = 增值额 \times 适用税率 - 扣除项目金额 \times 速算扣除系数$$

（五）房地产开发企业土地增值税清算

自2007年2月1日起，各省税务机关可按以下规定对房地产开发企业土地增值税进行清算。各省税务机关可依据以下规定并结合当地实际情况制定具体清算管理办法。

1. 土地增值税的清算单位

土地增值税以国家有关部门审批的房地产开发项目为单位进行清算，对于分期开发的项目，以分期项目为单位清算。

开发项目中同时包含普通住宅和非普通住宅的，应分别计算增值额。

2. 土地增值税的清算条件

符合下列情形之一的，纳税人应进行土地增值税的清算：

（1）房地产开发项目全部竣工、完成销售的。

（2）整体转让未竣工决算房地产开发项目的。

（3）直接转让土地使用权的。

符合下列情形之一的，主管税务机关可要求纳税人进行土地增值税清算：

（1）已竣工验收的房地产开发项目，已转让的房地产建筑面积占整个项目可售建筑面积的比例在85%以上，或该比例虽未超过85%，但剩余的可售建筑面积已经出租或自用的。

（2）取得销售（预售）许可证满3年仍未销售完毕的。

（3）纳税人申请注销税务登记但未办理土地增值税清算手续的。

（4）省税务机关规定的其他情况。

【例题10·多项选择题】 下列情形中，纳税人应当进行土地增值税清算的有（ ）。

A. 直接转让土地使用权的

B. 整体转让未竣工决算房地产开发项目的

C. 房地产开发项目全部竣工并完成销售的

D. 取得销售（预售）许可证2年仍未销售完的

【答案】 ABC

【解析】 应当进行土地增值税的清算与主管税务机关可要求纳税人进行土地增值税清算的不同情形的区分。

（六）征收管理

1. 纳税期限

土地增值税的纳税人应在转让房地产合同签订后的7日内，到房地产所在地主管税务机关办理纳税申报，并向税务机关提交房屋及建筑物产权、土地使用权证书，土地转让、房产买卖合同，房地产评估报告及其他与转让房地产有关的资料。纳税人因经常发生房地产转让而难以在每次转让后申报的，经税务机关审核同意后，可以定期进行纳税申报，具体期限由税务机关根据情况确定。

2. 纳税地点

土地增值税的纳税人应向房地产所在地主管税务机关办理纳税申报，并在税务机关核定的期限内缴纳土地增值税。

三、城镇土地使用税法

城镇土地使用税是以国有土地为征税对象，对拥有土地使用权的单位和个人征收的一种税。

（一）纳税义务人与征税范围

1. 纳税义务人

城镇土地使用税的纳税人是在城市、县城、建制镇、工矿区范围内使用土地的单位和个人。

城镇土地使用税的纳税人通常包括以下几类：

(1) 拥有土地使用权的单位和个人。

(2) 拥有土地使用权的单位和个人不在土地所在地的，其土地的实际使用人和代管人为纳税人。

(3) 土地使用权未确定或权属纠纷未解决的，其实际使用人为纳税人。

(4) 土地使用权共有的，共有各方都是纳税人，由共有各方分别纳税。

2. 征税范围

城镇土地使用税的征税范围，包括在城市、县城、建制镇和工矿区内的国家所有和集体所有的土地，不包括农村集体所有的土地。

（二）税率、计税依据和应纳税额的计算

1. 税率

城镇土地使用税采用定额税率，即采用有幅度的差别税额，按大、中、小城市和县城、建制镇、工矿区分别规定每平方米城镇土地使用税年应纳税额。具体标准如下：

(1) 大城市 1.5 元至 30 元。

(2) 中等城市 1.2 元至 24 元。

(3) 小城市 0.9 元至 18 元。

(4) 县城、建制镇、工矿区 0.6 元至 12 元。

2. 计税依据

城镇土地使用税以纳税人实际占用的土地面积为计税依据，土地面积计量标准为每平方米。即税务机关根据纳税人实际占用的土地面积，按照规定的税额计算应纳税额，向纳税人征收土地使用税。

【例题 11 · 多项选择题】 下列关于城镇土地使用税的规定正确的有(　　)。

A. 城镇土地使用税额为有幅度的差别税额，每个幅度税额的差距定位 20 倍

B. 纳税人实际占用的土地面积尚未组织测量且未核发土地使用证书的，应由纳税人申报土地面积，并以此作为计税依据计算征收城镇土地使用税

C. 经济发达地区城镇土地使用税的适用税额标准可以适当提高，但提高额不得超过《土地使用税暂行条例》规定的最高税额的 30%

D. 经省、自治区、直辖市人民政府批准，经济落后地区城镇土地使用税的适用税额标准可以适当降低，但降低额不得超过《土地使用税暂行条例》规定的最低税额的 30%

【答案】 ABD

【解析】 选项 C：经济发达地区城镇土地使用税的适用税额标准可以适当提高，但须报财政部批准。

3. 应纳税额的计算方法

城镇土地使用税的应纳税额可以通过纳税人实际占用的土地面积乘以该土地所在地段的适用税额求得。其计算公式为：

应纳税额(年) = 应税土地的实际占用面积(平方米) × 适用税额

【例题 12 · 单项选择题】 某人民团体有 A、B 两栋办公楼，A 栋占地 3 000 平方米，B 栋占地 1 000 平方米，2×20 年 3 月 30 日至 12 月 31 日该团体将 B 栋出租。当地城镇土地使用税的年税额为每平方米 15 元，该团体 2×20 年应缴纳土地使用税(　　)元。

A. 3 750　　B. 11 250　　C. 12 500　　D. 15 000

【答案】 B

【解析】 人民团体自用的 A 栋办公楼免税，出租的 B 栋办公楼在租期内纳税。2×20 年该团体应缴纳的城镇土地使用税 = 1 000×15×9÷12 = 11 250(元)

(三) 征收管理

1. 纳税期限

城镇土地使用税实行按年计算、分期缴纳的征收方法，具体纳税期限由省、自治区、直辖市人民政府确定。

2. 纳税义务发生时间

(1) 纳税人购置新建商品房，自房屋交付使用之次月起，缴纳城镇土地使用税。

(2) 纳税人购置存量房，自办理房屋权属转移、变更登记手续，房地产权属登记机关签发房屋权属证书之次月起，缴纳城镇土地使用税。

(3) 纳税人出租、出借房产，自交付出租、出借房产之次月起，缴纳城镇土地使用税。

(4) 以出让或转让方式有偿取得土地使用权的，应由受让方从合同约定交付土地时间的次月起缴纳城镇土地使用税；合同未约定交付时间的，由受让方从合同签订的次月起缴纳城镇土地使用税。

(5) 纳税人新征用的耕地，自批准征用之日起满 1 年时开始缴纳土地使用税。

(6) 纳税人新征用的非耕地，自批准征用次月起缴纳土地使用税。

(7) 自 2009 年 1 月 1 日起，纳税人因土地的权利发生变化而依法终止城镇土地使用税纳税义务的，其应纳税款的计算应截止到土地权利发生变化的当月末。

3. 纳税地点和征收机构

城镇土地使用税在土地所在地缴纳。

土地使用税由土地所在地的地方税务机关征收，其收入纳入地方财政预算管理。

【例题 13·多项选择题】 下列各项中，符合城镇土地使用税有关纳税义务发生时间规定的有(　　)。

A. 纳税人新征用的耕地，自批准征用之月起缴纳城镇土地使用税

B. 纳税人出租房产，自交付出租房产之次月起缴纳城镇土地使用税

C. 纳税人新征用的非耕地，自批准征用之月起缴纳城镇土地使用税

D. 纳税人购置新建商品房，自房屋交付使用之次月起缴纳城镇土地使用税

【答案】 BD

【解析】 纳税人新征用的耕地，自批准征用之日起满 1 年时考试缴纳城镇土地使用税，因此选项 A 不正确；纳税人新征用的非耕地，自批准征用之次月起缴纳城镇土地使用税，因此选项 C 不正确。

思考与练习

一、单项选择题

1. 原油、天然气实行从价计征资源税，下列不属于资源税计税销售额的是(　　)。

A. 资源税　　B. 增值税　　C. 赔偿费　　D. 包装费

2. 下列各项中，属于资源税计税依据的是(　　)。

A. 纳税人开采销售原油时的原油数量

B. 纳税人销售矿产品时向对方收取的价外费用

C. 纳税人加工固体盐时使用的自产液体盐的数量

D. 纳税人销售矿产品时向购买方收取的运杂费用

3. 某石化生产 2×20 年 6 月开采原油 50 万吨，对外销售原油 8 万吨并取得不含税销售收入 96 万元，用开采的同类原油 30 万吨加工生产成汽油 7.2 万吨。原油资源税税率 8%。该企业 6 月份应缴纳的资源税额(　　)万元。

A. 6.94　　B. 7.68　　C. 14.59　　D. 36.48

4. 2×20 年 2 月，某采选矿联合企业到异地收购未税镍矿石。在计算代扣代缴资源税时，该矿石适用的税率是(　　)。

A. 税务机关核定的单位税额

B. 镍矿石收购地适用的单位税额

C. 镍矿石原产地适用的单位税额

D. 该联合企业适用的镍矿石单位税额

5. 下列关于资源税的表述中，不正确的是(　　)。

A. 资源税是价内税

B. 所有矿产品的资源税与增值税计税依据一致

C. 凡是缴纳资源税的产品，也是缴纳增值税的货物

D. 原油、天然气、煤炭的资源税实行从价定额征收

6. 下列项目中，不属于土地增值税纳税人的是(　　)。

A. 合作建房后出售的合作单位　　B. 出租办公楼的企业

C. 转让办公楼的事业单位　　D. 转让商业用房的个人

7. 下列项目中，应征收土地增值税的是(　　)。

A. 个人继承的房产

B. 国有土地使用权的出让

C. 建造普通标准住宅出售，增值额未超过扣除项目金额 20%的

D. 企业间互换办公用房

8. 城镇土地使用税的计税依据是(　　)。

A. 纳税人实际用于经营活动的土地面积

B. 纳税人实际有效利用的土地面积

C. 纳税人实际占用的土地面积

D. 税务机关认定的土地面积

9. 假定土地使用税每平方米税额为 5 元，下列各项中处理正确的是(　　)。

A. 村民李某在本村开的旅社占地 200 平方米，应纳税额 1 000 元

B. 海关机关占用的土地面积为 400 平方米，应纳税额 2 000 元

C. 厂区内绿化用地 800 平方米，应纳税额 4 000 元

D. 名胜古迹自用房产占地 1 000 平方米，应纳税额 5 000 元

10. 2×20 年 3 月某房地产开发公司转让 5 年前购入的一块土地，取得转让收入 1 800 万元，该土地购进价 1 200 万元，取得土地使用权时缴纳相关税费 40 万元，转让该土地时缴纳相关税费 35 万元。该房地产开发公司转让土地应缴纳土地增值税(　　)万元。

A. 73.5　　B. 150　　C. 157.5　　D. 300

二、多项选择题

1. 某城市一繁华地段围墙内，共有土地面积 7 500 平方米，有汽车修理厂和服装厂两个单位，其中汽车修理厂占用土地 3/4，服装厂占用土地 1/4，当地土地使用税为每平方米 5 元。下列说法正确的是(　　)。

A. 汽车修理厂应纳土地使用税 9 375 元
B. 汽车修理厂应纳土地使用税 28 125 元
C. 服装厂应纳土地使用税 9 375 元
D. 服装厂应纳土地使用税 28 125 元

2. 下列各项中，属于资源税纳税义务人的有（　　）。
A. 冶炼企业进口矿石　　B. 个体经营者开采煤矿
C. 军事单位开采石油　　D. 超市销售食用盐

3. 下列各项中，应征资源税的有（　　）。
A. 开采的大理石　　B. 进口的原油
C. 开采的煤矿瓦斯　　D. 生产用于出口的卤水

4. 下列各项中，属于资源税征税范围的有（　　）。
A. 原煤　　B. 人造石油　　C. 海盐原盐　　D. 稀土矿原矿

5. 房地产开发企业加计扣除 20%费用的计算基数包括（　　）。
A. 房地产开发成本
B. 房地产开发费用
C. 地价款
D. 购买土地过程中按国家统一规定缴纳的登记、过户费用

三、判断题

1. 对于一方出地，另一方出资金，双方合作建房，建成后转让的，暂免征收土地增值税。（　　）

2. 城镇土地使用税的计税依据是纳税人实际占用的土地面积。（　　）

3. 独立矿山、联合企业收购未税矿产品的单位，按照本单位应税产品税额标准，依据收购的数量，向收购地主管税务机关缴纳其代扣代缴的资源税。（　　）

4. 资源税纳税人销售应税产品采取分期收款结算方式的，其纳税义务发生时间为发出应税产品的当天。（　　）

5. 凡在城市、县城、建制镇、工矿区范围内的土地，不论是属于国家所有的土地，还是集体所有的土地，都是城镇土地使用税的征税对象。（　　）

四、计算题

1. 某生产企业 2×20 年销售一栋 8 年前建造的办公楼，取得销售收入 1 200 万元。该办公楼原值 700 万元，已计提折旧 400 万元。经房地产评估机构评估，该办公楼的重置成本为 1 400 万元，成新度折扣率为 5 成，销售时缴纳各种税费共计 72 万元。要求：计算该生产企业销售办公楼应缴纳的土地增值税。

2. 某火电厂 2×20 年年初实际占地 100 万平方米，其中厂区围墙内占地 70 万平方米，厂区围墙外占地 30 万平方米（包括灰场占地 12 万平方米、输灰管占地 3 万平方米、生活区及其他商业配套设施占地 15 万平方米）。已知该火电厂所在地适用的城镇土地使用税税率为每平方米年税额 1.2 元。要求：根据城镇土地使用税法律制度的规定，计算该火电厂

2×20 年应缴纳城镇土地使用税。

3. 某联合企业为增值税一般纳税人，2×20 年 8 月生产经营情况如下：

(1) 专门开采的天然气 45 000 千立方米，开采原煤 450 万吨，采煤过程中生产天然气 2 800 千立方米。

(2) 销售原煤 280 万吨，取得不含税销售额 22 400 万元。

(3) 以原煤直接加工洗煤 110 万吨，对外销售 90 万吨，取得不含税销售额15 840万元。

(4) 企业职工食堂供热用原煤 2 500 吨。

(5) 销售天然气 37 000 千立方米(含采煤过程中生产的 2 000 千立方米)，取得不含税销售额 6 660 万元。

(6) 购入采煤用原材料，取得增值税专用发票已经通过认证，发票上注明增值税税额 1 190 万元。支付购买原材料不含税运输费 200 万元，取得运输公司开具的运输业增值税专用发票。

(7) 购进采煤机械设备 10 台，取得增值税专用发票，注明每台设备支付货款 25 万元、增值税 4.25 万元，已全部投入使用。

(注：资源税税率，煤炭 8%，天然气 5%，洗选煤折算率为 60%。)

要求：根据上述资料，计算相关税费。

(1) 计算该联合企业 2×20 年 8 月应缴纳的资源税。

(2) 计算该联合企业 2×20 年 8 月应缴纳的增值税。

第七章　财产行为税类

本章基本内容框架

- 房产税
  - 纳税义务人与征税范围
  - 税率、计税依据和应纳税额的计算
    - 从价计税(年税率 1.2%)
    - 从租计征(12%、4%)
  - 税收优惠
  - 征收管理
    - 纳税义务发生时间
    - 纳税期限:按年计算、分期缴纳
    - 纳税地点:房产所在地

- 车船税
  - 纳税义务人与征税范围
    - 纳税人
    - 征收范围:不包括非机动车辆
  - 税率与计税依据(定额税率)
    - 挂车按照货车税额的 50%计征
    - 拖船、非机动驳船分别按机动船舶税额的 50%计征
  - 应纳税额的计算
    - 计算单位:每辆、整备质量每吨、净吨位每吨、艇身长度每米
    - 应纳税额的计算方法
      - 基本计算方法
      - 盗抢、报废、灭失等特殊情况下的计算
  - 税收优惠
    - 法定减免
    - 特定减免
  - 征收管理
    - 纳税义务发生时间
    - 纳税地点
    - 纳税申报:按年申报,分月计算,一次性缴纳

- 印花税
  - 纳税义务人
    - 立合同人、立据人、立账簿人、领受人、使用人和各类电子应税凭证的签订人
    - 不包括合同的担保人、证人、鉴定人
  - 税目与税率
    - 税目：13 项（注意区分不同税目）
    - 税率
      - 比率税率：0.05‰，0.3‰，0.5‰，1‰
      - 定额税率：定额 5 元
  - 应纳税额的计算
    - 计税依据的一般规定
    - 计税依据的特殊规定
    - 应纳税额的计算方法
  - 税收优惠
  - 征收管理
    - 纳税方法
      - 自行贴花：三自纳税
      - 汇贴或汇缴
      - 委托代征
    - 纳税环节
    - 纳税地点

- 契税
  - 征税对象
    - 注意征税范围与土地增值税的差异
    - 注意特殊项目
  - 纳税义务人、税率和应纳税额的计算
    - 纳税人：承受土地、房屋权属的单位和个人
    - 税率：3%～5%
    - 应纳税额的计算
  - 税收优惠
    - 一般规定
    - 特殊规定
  - 征收管理
    - 纳税义务发生时间
    - 纳税期限：纳税义务发生之日起 10 日内
    - 纳税地点：土地、房屋所在地

重点、难点讲解及典型例题

一、房产税法

（一）纳税义务人和征税范围

1. 纳税人

（1）基本规定。房产税是以房屋为征税对象，按照房屋的计税余值或租金收入，向产权所有人征收的一种财产税。房产税以在征税范围内的房屋产权所有人为纳税人。

（2）具体规定：

a. 产权属国家所有的，由经营管理单位纳税；产权属集体和个人所有的，由集体单位和个人纳税。

b. 产权出典的，由承典人纳税。

c. 产权所有人、承典人不在房屋所在地的，或者产权未确定及租典纠纷未解决的，由房产代管人或者使用人纳税。

d. 无租使用其他房产的问题。纳税单位和个人无租使用房产管理部门、免税单位及纳税单位的房产，应由使用人代为缴纳房产税。

e. 自 2009 年 1 月 1 日起，外商投资企业、外国企业和组织以及外籍个人缴纳房产税。

2. 征税范围

房产税的征税范围不包括农村。

【例题 1 · 单项选择题】 以下关于房产税纳税人和征税范围的说法，正确的是(　　)。

A. 房产税的征税对象是房屋和建筑物

B. 房产税不对外资企业征收

C. 房屋产权出典的，以承典人为纳税额人

D. 农民出租农村房屋也缴纳房产税

【答案】 C

【解析】 选项 A：独立于房屋之外的建筑不属于房产，不征收房产税。选项 B：自 2009 年起，涉外企业、单位和个人也纳入房产税的征收管理范围。选项 D：农村不在房产税开征范围。

(二) 税率、计税依据和应纳税额的计算

1. 税率

(1) 从价计征：税率为 1.2%。

(2) 从租计征：税率为 12%；对个人按市场价格出租的居民住房(出租后不论是否用于居住)，暂减按 4%税率征收房产税。

2. 计税依据

(1) 从价计征——计税依据是房产原值一次减除 10%～30%的扣除比例后的余值。各地扣除比例由当地省、自治区、直辖市人民政府确定。

(2) 从租计征——计税依据是租金收入(包括实物收入和货币收入)；以劳务或其他形式为报酬抵付房租租金收入的，按当地同类房产租金水平确定。

【例题 2 · 多项选择题】 以下关于房产税税率的表述，正确的有(　　)。

A. 工厂拥有并使用的车间适用税率 1.2%的房产税

B. 个体户房屋用于自办小卖部的适用 1.2%的房产税率

C. 个人出租住房用于美容机构开设连锁店适用 12%的房产税率

D. 个人出租住房，不区分用途，按照 4%的房产税优惠税率计税

【答案】 ABD

【解析】 选项 AB：自用经营性房屋适用 1.2%的房产税税率，从价计征房产税；个人出租住房，不区分出租后用途，均按 4%优惠税率计征房产税，所以 C 选项错误，D 正确。

2. 应纳税额的计算(见表 7－1)

表 7-1　　房产税税额计算

计税方法	计税依据	税　率	税额计算公式
从价计征	房产计税余值	1.2%	全年应纳税额＝应税房产原值×(1－扣除比例)×1.2%
从租计征	房屋租金	12%(个人为4%)	全年应纳税额＝租金收入×12%(个人为4%)

【例题3·计算题】 某企业的经营用房原值为4 000万元，按照当地规定允许减除30%后余值计税，适用税率为1.2%。请计算其应纳房产税税额。

【答案】 应纳税额＝4 000×(1－30%)×1.2%＝33.6(万元)

【例题4·计算题】 某公司出租房屋，年租金收入为40 000元，适用税率为12%。请计算其应纳房产税税额。

【答案与解析】 应纳税额＝40 000×12%＝4 800(元)

(三) 税收优惠

(1) 国家机关、人民团体、军队自用的房产免征房产税。但上述免税单位的出租房产以及非自身业务使用的生产、营业用房，不属于免税范围。

(2) 由国家财政部门拨付事业经费的单位，如学校、医疗卫生单位、托儿所、幼儿园、敬老院、文化、体育、艺术这些实行全额或差额预算管理的事业单位所有的，本身业务范围内使用的房产免征房产税。

(3) 宗教寺庙、公园、名胜古迹自用的房产免征房产税。

(4) 个人所有非营业用的房产免征房产税。个人所有的非营业用房，主要是指居民住房，不分面积多少，一律免征房产税。对个人拥有的营业用房或者出租的房产，不属于免税房产，应照章纳税。

(四) 征收管理

1. 纳税义务发生时间(见表7-2)

表 7-2　　房产税纳税义务发生时间

房产用途	纳税义务发生时间
将原有房产用于生产经营	从生产经营之月起
自行新建房屋用于生产经营	从建成之次月起
委托施工企业建设的房屋	从办理验收手续之次月起(此前已使用或出租、出借的新建房屋，应从使用或出租、出借的当月起)
纳税人购置新建商品房	自房屋交付使用之次月起
购置存量房	自办理房屋权属转移、变更登记手续，房地产权属登记机关签发房屋权属证书之次月起
纳税人出租、出借房产	自交付出租、出借房产之次月起
房地产开发企业自用、出租、出借自建商品房	自房屋使用或交付之次月起
其他	因房产的实物或权利状态发生变化而依法终止房产税纳税义务的，其应纳税款的计算应截止到房产的实物或权利状态发生变化的当月末

【例题5·多项选择题】 下列各项中，符合房产税纳税义务发生时间规定的有(　　)。

A. 纳税人购置新建商品房，自房屋交付使用之次月起缴纳房产税

B. 纳税人委托施工企业建设的房屋，自建成之次月起缴纳房产税

C. 纳税人将原有房产用于生产经营，自生产经营之次月起缴纳房产税

D. 纳税人购置存量房，自房产权属登记机关签发房屋权属证书之次月起缴纳房产税

【答案】 AD

【解析】 纳税人委托施工企业建设的房屋，从办理验收手续之次月起；纳税人将原有房产用于生产经营，自生产经营当月起缴纳房产税。所以选项BC错误。

2. 纳税地点

房产税在房产所在地缴纳。房产不在同一地方的纳税人，应按房产的坐落地点分别向房产所在地的税务机关纳税。

二、车船税法

(一) 纳税义务人和征税范围

1. 纳税人

车船税的纳税义务人：在中华人民共和国境内，车辆、船舶(以下简称车船)的所有人或者管理人。外商投资企业和外国企业以及外籍人员适用车船税的规定。

2. 征税范围

(1) 依法应当在车船管理部门登记的机动车辆和船舶。

(2) 依法不需要在车船管理部门登记、在单位内部场所行驶或者作业的机动车辆和船舶。

(二) 税目与税率

车船税实行定额税率。车辆计税单位如表7-3所示。

表7-3　　车辆计税单位

名称	计税单位	备注
乘用车(排气量)	每辆	核定载客人数9人(含)以下
商用车	每辆	核定载客人数9人(包括电车)以上
	整备质量每吨	1.包括半挂牵引车、挂车、客货两用汽车、三轮汽车和低速载货汽车等 2.挂车按照货车税额50%计算
其他车辆	整备质量每吨	不包括拖拉机
摩托车	每辆	
船舶	净吨位每吨	拖船、非机动驳船分别按机动船舶税额的50%计算
游艇	艇身长度每米	

【例题6·多项选择题】 下列项目中，以“辆”为计税依据计算车船税的有(　　)。

A. 船舶　　B. 摩托车　　C. 客车　　D. 货车

【答案】 BC

【解析】 选项A，船舶以“净吨位每吨”为计税依据；选项D，货车以“整备质量每吨”为

计税依据。

(三) 应纳税额的计算与代收代缴

(1) 购置的新车船,购置当年的应纳税额自纳税义务发生的当月起按月计算。计算公式为:

应纳税额 = (年应纳税额 ÷ 12) × 应纳税月份数

【例题 7 · 计算题】 某公司 2×20 年度拥有拖船 2 艘,每艘发动机功率 1 500 千瓦。当年 8 月新购置机动船 4 艘,每艘净吨位 2 000 吨。该公司船舶适用的年税额为:净吨位 201～2 000 吨的,每吨 4 元。计算该公司应缴纳的车船税税额。

【答案】 1 千瓦=净吨位 0.67 吨,拖船按照船舶税额的 50%计算。该公司应缴纳的车船税税额=2×1 500×0.67×4×50%+4×2 000×4×5÷12=4 020+13 333.33=17 353.33(元)

(2) 在一个纳税年度内,已完税的车船被盗抢、报废、灭失的,纳税人可以凭有关管理机关出具的证明和完税证明,向纳税所在地的主管税务机关申请退还自被盗抢、报废、灭失月份起至该纳税年度终了期间的税款。

(3) 已办理退税的被盗抢车船,失而复得的,纳税人应当从公安机关出具相关证明的当月起计算缴纳车船税。

(4) 在一个纳税年度内,纳税人在非车辆登记地由保险机构代收代缴机动车车船税,且能够提供合法有效完税证明的,纳税人不再向车辆登记地的地方税务机关缴纳车辆车船税。

(5) 已缴纳车船税的车船在同一纳税年度内办理转让过户的,不另纳税,也不退税。

(四) 税收优惠

1. 法定减免

(1) 捕捞、养殖渔船。

(2) 军队、武警专用的车船。

(3) 警用车船,是指公安机关、国家安全机关、监狱、劳动教养管理机关和人民法院、人民检察院领取警用牌照的车辆和执行警务的专用船舶。

(4) 依照我国有关法律和我国缔结或者参加的国际条约的规定应当予以免税的外国驻华使馆、领事馆和国际组织驻华机构及其有关人员的车船。

(5) 对节约能源、使用新能源的车船减征或者免征车船税;对受严重自然灾害影响纳税困难以及有其他特殊原因确需减税、免税的,可以减征或者免征车船税。

(6) 省、自治区、直辖市人民政府根据当地实际情况,可以对公共交通车船,农村居民拥有并主要在农村地区使用的摩托车、三轮汽车和低速载货汽车定期减征或者免征车船税。

2. 特定减免

(1) 经批准临时入境的外国车船和香港特别行政区、澳门特别行政区、台湾地区的车船,不征收车船税。

(2) 按照规定缴纳船舶吨税的机动船舶,自车船税法实施之日起 5 年内免征车船税。

(3) 机场、港口内部行驶或作业的车船,自车船税法实施之日起 5 年内免征车船税。

【例题 8 · 多项选择题】 下列项目中,车船属于法定免税的有(　　)。

A. 专项作业车　　B. 警用车船

C. 非机动驳船　　D. 捕捞、养殖渔船

【答案】 BD

【解析】 非机动驳船、专项作业车不在免税范围之内，选项 A、C 不正确。

(五) 征收管理

1. 纳税期限

车船税纳税义务发生时间为取得车船所有权或者管理权的当月。以购买车船的发票或其他证明文件所载日期的当月为准。

2. 纳税地点

(1) 车船税的纳税地点为车船的登记地或者车船税扣缴义务人所在地。依法不需要办理登记的车船，车船税的纳税地点为车船的所有人或者管理人所在地。

(2) 扣缴义务人代收代缴车船税的，纳税地点为扣缴义务人所在地。

3. 纳税申报

车船税按年申报，分月计算，一次性缴纳。具体申报纳税期限由省、自治区、直辖市人民政府规定。

【例题 9 · 多项选择题】 下列项目中，符合车船税有关征收管理规定的有(　　)。

A. 新购置使用的车船，纳税地点为车船的登记地

B. 车船的所有人或者管理人未缴纳车船税的，使用人应当代为缴纳车船税

C. 纳税人在购买机动车交强险时缴纳车船税的，不再向地方税务机关申报纳税

D. 已办理退税的被盗抢车船失而复得的，纳税人应当从公安机关出具相关证明的当月起计算缴纳车船税

【答案】 ABCD

【解析】 ABCD 均符合车船税有关征收管理规定。

三、印花税法

(一) 纳税义务人

印花税的纳税人，是在中国境内书立、使用、领受印花税法所列举的凭证，并应依法履行纳税义务的单位和个人，包括内、外资企业，各类行政(机关、部队)和事业单位，中、外籍个人。

印花税的纳税人，按照所书立、使用、领受的应税凭证不同，又可分为以下 6 类：

(1) 立合同人，合同的当事人，不包括合同的担保人、证人、鉴定人。

(2) 立据人。

(3) 立账簿人，营业账簿的纳税人。

(4) 领受人，权利、许可证照的纳税人。

(5) 使用人，在国外书立、领受，但在国内使用的应税凭证的单位和个人，其纳税义务人是使用人。

【例题 10 · 多项选择题】 下列属于印花税纳税人的有(　　)。

A. 借款合同的担保人

B. 发放商标注册证的国家商标局

C. 在国外书立，在国内使用技术合同的单位

D. 签订加工承揽合同的两家中外合资企业

【答案】 CD

【解析】 借款合同的直接当事人才是印花税纳税人，不包括其担保人；商标注册证的接收方是印花税的纳税人，其发放单位不是纳税人；所以选项CD是正确的。

(二) 税目与税率(见表7-4)

1. 税目

表7-4　　印花税税目、税率表

税目		税率	备注
合同	买卖合同	支付价款的0.3‰	指动产买卖合同
	借款合同	借款金额的0.05‰	指银行业金融机构和借款人(不包括银行同业拆借)订立的借款合同
	融资租赁合同	租金的0.05‰	
	租赁合同	租金的0.1‰	
	承揽合同	支付报酬的0.3‰	
	建设工程合同	支付价款的0.3‰	
	运输合同	运输费用的0.3‰	指货运合同和多式联运合同(不包括管道运输合同)
	技术合同	支付价款、报酬或者使用费的0.3‰	
	保管合同	保管费的1‰	
	仓储合同	仓储费的1‰	
	财产保险合同	保险费的1‰	不包括再保险合同
产权转移数据	土地使用权出让和转让数据；房屋等建筑物、构筑物所有权、股权(不包括上市和挂牌公司股票)、商标专用权、著作权、专利权、专有技术使用权转让数据	支付价款的0.5‰	
权利、许可证照	不动产权证书、营业执照、商标注册证、专利证书	每件5元	
营业账簿		实收资本(股本)、资本公积合计金额的0.25‰	
证券交易		成交金额的1‰	对证券交易的出让方征收，不对证券交易的受让方征收

【例题11·单项选择题】 下列合同中，属于印花税征税范围的是(　　)。

A. 供用电合同　　B. 融资租赁合同

C. 人寿保险合同　　D. 法律咨询合同

【答案】 B

【解析】 选项A，电网与用户之间签订的供用电合同不征收印花税；选项C，财产保险合同贴印花税，人寿保险合同不贴；选项 D，法律咨询合同不属于技术咨询合同，不贴印花税。

2. 税率

(1) 比例税率(4 档)：适用于记载有金额的应税凭证。

(2) 定额税率：适用于无法记载金额或虽载有金额，但作为计税依据明显不合理的应税凭证，固定税额为每件应税凭证 5 元。定额税率适用于：权利、许可证照。

(三) 应纳税额的计算

应纳税额 = 计税金额 × 比例税率

应纳税额 = 凭证件数 × 固定税额(5 元)

【例题 12 · 计算题】 甲公司向乙公司租赁 2 台起重机并签订租赁合同，合同注明总价值为 80 万元，租赁期 2 个月，每台每月租金 2 万元。已知租赁合同印花税率为 1‰，计算甲公司和乙公司签订该租赁合同共计缴纳的印花税。

【答案】 应纳税额＝8×10 000×1‰×2＝160(元)

【解析】 租期内全部租金 2×2×2＝8(万元)，租赁合同应当以凭证所载租金作为计税依据，签订合同双方都是印花税纳税人。

【例题 13 · 计算题】 某公司 2×20 年启用的营业账簿共 12 本，其中记载资金的营业账簿新增实收资本 2 000 万元、新增资本公积 500 万元；领受权利和许可证照 3 件。计算该公司应缴纳的印花税税额。

【答案】 新增记载资金的营业账簿应缴纳的印花税税额＝(2 000＋500)×0.5‰×10 000＝12 500(元)

公司 2×20 年领受权利和许可证照应缴纳的印花税税额＝5×3＝15(元)

2020 年应纳印花税税额＝12 515(元)

【解析】 记载资金的账簿，按实收资本和资本公积的合计金额 0.5‰贴花。权利和许可证照按件贴花 5 元。

(四) 税收优惠

享受免税的凭证有：

(1) 已缴纳印花税的凭证的副本或者抄本；但以副本或者抄本视同正本使用的，则应另贴印花。

(2) 财产所有人将财产赠给政府、社会福利单位、学校所立的书据。

(3) 国家指定的收购部门与村民委员会、农民个人书立的农副产品收购合同。

(4) 无息、贴息贷款合同。

(5) 外国政府或者国际金融组织向我国政府及国家金融机构提供优惠贷款所书立的合同。

(6) 房地产管理部门与个人签订的用于生活居住的租赁合同。

(7) 农牧业保险合同。

(8) 特殊货运合同。

(9) 企业改制过程中有关印花税征免规定。

(10) 对与高校学生签订的高校学生公寓租赁合同，免征印花税。

(11) 对商品储备管理公司及其直属库资金账簿免征印花税。

(12) 2011 年 11 月 1 日至 2014 年 10 月 31 日，对金融机构与小型、微型企业签订的借款合同免征印花税。

(13) 对公租房经营管理单位建造公租房涉及的印花税予以免征。

(14) 对改造安置住房经营管理单位、开发商与改造安置住房相关的印花税以及购买安置住房的个人涉及的印花税自 2013 年 7 月 4 日起予以免征。

【例题 14 · 单项选择题】 下列合同中，不属于印花税应税凭证的是(　　)。

A. 无息、贴息贷款合同

B. 发电厂与电网之间签订的电力购销合同

C. 财产所有人将财产赠与社会福利单位的书据

D. 银行因内部管理需要设置的现金收付登记簿

【答案】 D

【解析】 选项 A、C 属于应税凭证，但是免税；选项 B，要缴纳印花税。

(五) 征收管理

1. 纳税方法：自行贴花、汇贴或汇缴、委托代征

(1) 自行贴花纳税：纳税人发生应税行为，应自行计算应纳税额，自行购买印花税票，自行一次贴足印花税票并加以注销或划销，纳税义务才算全部履行完毕。

(2) 汇贴或汇缴纳税：此种方法一般适用于应纳税额较大或者贴花次数频繁的纳税人。

汇贴纳税法。当一份凭证应纳税额超过 500 元时，应向税务机关申请填写缴款书或者完税凭证；汇缴纳税法：同一种类应税凭证需要频繁贴花的，可申请按期汇总缴纳印花税。汇总缴纳的期限，由当地税务机关确定，但最长不得超过 1 个月。

2. 纳税环节

印花税应当在书立或领受时贴花。

四、契税法

(一) 征税对象

契税的征税对象是在境内转移土地、房屋权属的行为。注意与土地增值税征税范围的交叉之处。

(1) 国有土地使用权出让(出让方不缴土地增值税)。

(2) 国有土地使用权转让(转让方应缴土地增值税)：土地使用权的转让不包括农村集体土地承包经营权的转移。

(3) 房屋买卖(符合条件的转让方需缴土地增值税)。

(4) 房屋赠与(非公益性赠与需缴土地增值税)。

(5) 房屋交换(单位之间进行房地产交换应缴土地增值税)。

【例题 15 · 多项选择题】 下列各项中，应当征收契税的有(　　)。

A. 以房产抵债　　B. 将房产赠与他人

C. 以房产作投资　　D. 子女继承父母房产

【答案】 ABC

【解析】 选项A、B、C都属于契税的应税行为。

(二) 纳税义务人、税率和应纳税额的计算

1. 纳税义务人

契税的纳税义务人，是境内转移土地、房屋权属，承受的单位和个人。单位包括内外资企业、事业单位、国家机关、军事单位和社会团体。个人包括中国公民和外籍人员。

2. 税率

契税适用3%～5%的幅度比例税率。

3. 应纳税额的计算

(1) 契税应纳税额＝计税依据×税率

(2) 契税的计税依据：是不动产的价格。

【例题16·单项选择题】 居民乙因拖欠居民甲180万元款项无力偿还，2×20年6月经当地有关部门调解，以房产抵偿该笔债务，居民甲因此取得该房产的产权并支付给居民乙差价款20万元。假定当地省政府规定的契税税率为5%。下列表述中正确的是(　　)。

A. 居民甲应缴纳契税1万元

B. 居民乙应缴纳契税1万元

C. 居民甲应缴纳契税10万元

D. 居民乙应缴纳契税10万元

【答案】 C

【解析】 抵债房屋的价值＝180＋20＝200(万元)，所以由甲企业缴纳契税＝200×5%＝10(万元)

(三) 税收优惠

(1) 国家机关、事业单位、社会团体、军事单位承受土地、房屋用于办公、教学、医疗、科研和军事设施的，免征契税。

(2) 城镇职工按规定第一次购买公有住房，免征契税。

对个人购买普通住房，且该住房属于家庭(成员范围包括购房人、配偶以及未成年子女，下同)唯一住房的，减半征收契税。

对个人购买90平方米及以下普通住房，且该住房属于家庭唯一住房的，减按1%税率征收契税。

(3) 因不可抗力灭失住房而重新购买住房的，酌情减免。

(4) 土地、房屋被县级以上人民政府征用、占用后，重新承受土地、房屋权属的，由省级人民政府确定是否减免。

(5) 承受荒山、荒沟、荒丘、荒滩土地使用权，并用于农、林、牧、渔业生产的，免征契税。

(6) 予以免税的外国驻华使馆、领事馆及其外交代表、领事官员等承受土地、房屋权属。

(四) 征收管理

1. 纳税义务发生时间

纳税人在签订土地、房屋权属转移合同的当天，或者取得其他具有土地、房屋权属转移合同性质凭证的当天，为纳税义务发生时间。

2. 纳税期限

纳税人应当自纳税义务发生之日起的10日内。

思考与练习

一、单项选择题

1. 以下关于房产税纳税人和征税范围的说法正确的是(　　)。

A. 房产税的征税对象是房屋和建筑物

B. 产权属于国家所有的,免纳房产税

C. 无租使用其他单位房产的单位和个人,使用人代为缴纳房产税

D. 农村的农民出租房屋也应缴纳房产税

2. 根据《房产税暂行条例》规定,下列房产或建筑物属于房产税征收对象的是(　　)。

A. 工厂围墙

B. 宾馆的室外游泳池

C. 企业办公楼

D. 水塔

3. 下列情形中,免予缴纳契税的是(　　)。

A. 买房拆料

B. 受赠房产

C. 交换价格相等的房屋

D. 承受国有土地使用权支付土地出让金

4. 居民乙因拖欠居民甲 180 万元款项无力偿还,2×20 年 6 月经当地有关部门调解,以房产抵偿该笔债务,居民甲因此取得该房产的产权并支付给居民乙差价款 20 万元。假定当地省政府规定的契税税率为 5%。下列表述中正确的是(　　)。

A. 居民甲应缴纳契税 1 万元

B. 居民乙应缴纳契税 1 万元

C. 居民甲应缴纳契税 10 万元

D. 居民乙应缴纳契税 10 万元

5. 下列各项关于车船税计税的依据及税额的表述中,正确的是(　　)。

A. 拖船以每马力折合净吨位 1 吨计算

B. 非机动驳船以船舶税额的 50%计算

C. 车辆整备质量尾数在半吨以下的不予计算

D. 船舶净吨位尾数在半吨以下的按半吨计算

6. 甲企业将货物卖给乙企业,双方订立了购销合同,丙企业作为该合同的担保人,丁先生作为证人,戊单位作为鉴定人,则该合同印花税的纳税人为(　　)。

A. 甲企业和乙企业

B. 甲企业、乙企业和戊单位

C. 甲企业、乙企业和丙企业

D. 甲企业、乙企业、丙企业、丁先生、戊单位

7. 张女士 2×20 年 8 月 1 日将位于市中心一套一居室住房对外出租,每月租金 1 500

元，并已按税法规定缴纳了城市建设维护税、教育费附加。张女士 2×20 年应纳房产税为(　　)元。

A. 290.10　　B. 300　　C. 360　　D. 348.12

8. 某中学委托一服装厂加工校服，合同约定布料由学校提供，价值 50 万元，学校另支付加工费 10 万元，下列各项关于计算印花税的表述中，正确的是(　　)。

A. 学校应以 50 万元为计税依据，按销售合同的税率计算印花税

B. 服装厂应以 50 万元为计税依据，按加工承揽合同的税率计算印花税

C. 服装厂应以 10 万元加工费为计税依据，按加工承揽合同的税率计算印花税

D. 服装厂和学校均以 60 万元为计税依据，按照加工承揽合同的税率计算印花税

9. 下列各项中，不属于印花税征税范围的是(　　)。

A. 餐饮服务许可证

B. 营业执照

C. 商标注册证

D. 不动产权证书

10. 甲公司与乙公司分别签订了两份合同：一是以货换货合同，甲公司的货物价值 200 万元，乙公司的货物价值 150 万元；二是采购合同，甲公司购买乙公司 50 万元的货物，但因故合同未能兑现。甲公司应缴纳印花税(　　)元。

A. 150　　B. 600　　C. 1 050　　D. 1 200

二、多项选择题

1. 下列各项符合房产税计税依据规定的有(　　)。

A. 地下建筑物若作工业、商业之外的其他用途，以其房屋原价的 50%～60%作为计税依据

B. 房产原值，不包括土地使用权价款

C. 更新房屋附属设备将新附属设备价值计入原值时，可扣减原来相关设备价值后的余额为计税依据

D. 地下建筑物若作工业用途，其房产计税原值为房屋原价的 50%～60%，在此基础上扣除原值减除比例作为计税依据

2. 以下关于房产税纳税人的表述中，正确的有(　　)。

A. 外籍个人不缴纳房产税

B. 房屋产权出典的，承典人为纳税人

C. 房屋产权属于集体所有的，集体单位为纳税人

D. 房屋产权未确定及租典纠纷未解决的，代管人或使用人为纳税人

3. 下列各项中，符合契税规定的有(　　)。

A. 国家将国有土地使用权出让的，缴纳契税

B. 某人中奖获得一套市场价格为 60 万元的住房，应以 60 万元为计税依据缴纳契税

C. 个人无偿赠予不动产行为，应对受赠人全额征收契税

D. 甲以自有房产作股投入本人经营的企业，缴纳契税

4. 居民甲将其拥有的一处房产卖给居民乙，双方签订房屋权属转移合同并按规定办理了房屋产权过户手续。下列关于契税和印花税的表述中，正确的有(　　)。

A. 作为交易的双方，居民甲和居民乙均同时负有印花税和契税的纳税义务

B. 契税的计税依据为房屋权属转移合同中确定的房产成交价格

C. 契税纳税人应在该房产的所在地缴纳契税，印花税的纳税人应在签订合同时就地纳税

D. 契税纳税人的纳税义务在房屋权属转移合同的当天发生，印花税纳税人的纳税义务在房屋权属转移合同签订时发生

5. 下列各项中，符合车船税征收管理规定的有(　　)。

A. 车船税按年申报，分月计算，一次性缴纳

B. 纳税人自行申报缴纳车船税的，纳税地点为车船登记地的主管税务机关所在地

C. 车船税纳税义务发生时间为取得车船所有权或者管理权的次月

D. 不需要办理登记的车船不缴纳车船税

三、判断题

1. 契税的纳税人是在我国境内转让土地、房屋权属的单位和个人。(　　)

2. 依法不需要在车船登记管理部门登记的在单位内部场所行驶或者作业的机动车辆和船舶，不属于车船税的征税范围，不缴纳车船税。(　　)

3. 纳税人签订应税合同后，不论合同是否兑现或能否按期兑现，都应当缴纳印花税。(　　)

4. 凡以房屋为载体，不可随意移动的附属设备和配套设施，无论在会计核算中是否单独记账与核算，都应计入房产原值，计征房产税。(　　)

5. 纳税人购置新建商品房，自房屋交付使用之月起，缴纳房产税。(　　)

四、计算题

1. 某公司办公大楼原值 30 000 万元，2×20 年 2 月 28 日将其中部分闲置房间出租，租期 2 年。出租部分房产原值 5 000 万元，租金每年 1 000 万元。当地规定房产税原值减除比例为 20%，计算 2×20 年该公司应缴纳房产税。

2. 居民李某有四套住房，将一套价值 120 万元的别墅折价给乙某抵偿了 100 万元的债务；用市场价值 70 万元的第二、三套两室住房与丙某交换一套四室住房，另取得丙某赠送价值 12 万元的小轿车一辆；将第四套市场价值 50 万元的公寓房折成股份投入本人独资经营的企业。当地确定的契税税率为 3%，甲、乙、丙是否均为契税的纳税人？如果是，计算缴纳的契税。

3. 某公司 2×20 年 2 月 1 日购入一载货商用车，当月办理机动车辆权属证书，并办理车船税完税手续。此车整备质量为 10 吨，每吨年税额 96 元。该车于 6 月 1 日被盗，经公安机关确认后，该公司遂向税务局申请退税，但在办理退税手续期间，此车又于 9 月 1 日被追回并取得公安机关证明。计算该公司就该车 2×20 年实际应缴纳的车船税。

4. 某电子企业 2×20 年 4 月签订以下合同：

（1）与某工厂签订加工承揽合同，受托加工一批专用电子部件。合同规定，工厂（委托方）提供价值70万元的原材料，电子企业（受托方）提供价值15万元的辅助材料，另收取加工费20万元。

（2）与铁路部门签订运输保管合同，所载运输费及保管费共计2万元。

（3）与某开发公司签订技术转让合同，规定按开发产品销售收入的2%提供转让收入，每季度结算一次。

（4）与某农机站签订租赁合同，将本企业3台闲置设备出租，总价值21万元，租期1期，每年每台租金2万元。

（5）与广告公司签订广告制作合同1份，分别记载加工费3万元，广告公司提供的原材料7万元。

要求：计算该月印花税税额。

第八章　企业所得税法

本章基本内容框架

- 纳税义务人
  - 居民纳税人
  - 非居民纳税人
- 征税对象
  - 生产经营所得、其他所得
  - 所得来源地的确认
- 税率
  - 基本税率 25%
  - 低税率 20%
- 应纳税所得额的计算
  - 收入总额
    - 一般收入的确认
    - 特殊收入的确认
    - 相关收入实现的确认
  - 不征税收入和免税收入
  - 扣除原则和扣除范围——具体扣除标准
    - 实际发生额扣除
    - 限定比例扣除
  - 不得扣除的项目
  - 亏损弥补：5 年补亏，先亏先补
  - 应纳税额的计算
    - 直接法
    - 间接法
  - 境外所得抵扣税额的计算
- 资产的税务处理
- 特别纳税调整
- 税收优惠与征收管理

重点、难点讲解及典型例题

一、纳税义务人

(1) 居民纳税人，是指依法在中国境内成立，或者依照外国(地区)法律成立但实际管理机构在中国境内的企业。

两条标准：①依法在中国境内成立的企业；②依照外国(地区)法律成立但实际管理机构在中国境内的企业。

(2) 非居民企业，是指依照外国(地区)法律成立且实际管理机构不在中国境内，但在中国境内设立机构、场所的，或者在中国境内未设立机构、场所，但有来源于中国境内所得的企业。

【例题1·单项选择题】 根据企业所得税法律制度的规定，下列关于非居民企业的表述中，正确的是（　　）。

A. 在境外成立的企业均属于非居民企业

B. 在境内成立但有来源于境外所得的企业属于非居民企业

C. 依照外国法律成立，实际管理机构在中国境内的企业属于非居民企业

D. 依照外国法律成立，实际管理机构不在中国境内但在中国境内设立机构、场所的企业属于非居民企业

【答案】 D

【解析】 选项AC：依照外国（地区）法律成立但实际管理机构在中国境内的企业，属于"居民企业"；选项B：在境内成立的企业属于"居民企业"。

二、税率（见表8-1）

表8-1　　企业所得税税率适用表

种类	税率	适用范围
基本税率	25%	(1) 居民企业； (2) 在中国境内设有机构、场所且所得与机构、场所有关联的非居民企业
优惠税率	20%	符合条件的小型微利企业
	15%	国家重点扶持的高新技术企业
扣缴义务人代扣代缴	10%	(1) 在中国境内未设立机构、场所的非居民企业； (2) 虽设立机构、场所但取得的所得与其所设机构、场所无实际联系的非居民企业

【例题2·多项选择题】 以下适用25%企业所得税税率的企业有（　　）。

A. 在中国境内的居民企业

B. 在中国境内设有机构场所，且所得与机构场所有实际联系的非居民企业

C. 在中国境内设有机构场所，但所得与机构场所没有实际联系的非居民企业

D. 在中国境内未设立机构场所的非居民企业

【答案】 AB

【解析】 居民企业和在中国境内设有机构、场所且所得与机构、场所有关联的非居民企业适应25%的基本税率；在中国境内未设立机构、场所的，或者虽设立机构、场所但取得的所得与其所设机构、场所没有实际联系的非居民企业，在实际征税时适用10%的税率，体现为企业所得税的税收优惠。

三、不征税收入和免税收入(见表8-2)

表8-2　　不征税收入和免税收入范围划分

收入种类	范围
不征税收入	(1) 财政拨款; (2) 依法收取并纳入财政管理的行政事业性收费、政府性基金; (3) 国务院规定的其他不征税收入
免税收入	(1) 国债利息收入; (2) 符合条件的居民企业之间的股息、红利等权益性收益; (3) 在中国境内设立机构、场所的非居民企业从居民企业取得与该机构、场所有实际联系的股息、红利等权益性投资收益。该收益都不包括连续持有居民企业公开发行并上市流通的股票不足12个月取得的投资收益; (4) 符合条件的非营利组织的收入——非营利组织的非营利收入

【例题3·多项选择题】 企业取得的下列收入,属于企业所得税免税收入的有(　　)。

A. 国债利息收入

B. 金融债券的利息收入

C. 居民企业直接投资于其他居民企业取得的投资收益

D. 在中国境内设立机构、场所的非居民企业连续持有居民企业公开发行并上市流通的股票1年以上取得的投资收益

【答案】 ACD

【解析】 选项B不属于企业所得税中免税的收入。

四、扣除原则和范围

(一) 税前扣除项目的原则

权责发生制原则;配比原则;相关性原则;合理性原则。

(二) 扣除项目的一般规定

1. 成本

成本是指生产经营成本。

注意:购进免税货物不得抵扣的增值税、出口货物不得免抵和退税税额。

2. 费用

费用是指三项期间费用(销售费用、管理费用、财务费用)。

(1) 销售费用:特别关注其中的广告及业务宣传费、销售佣金等费用。

(2) 管理费用:特别关注其中的业务招待费、职工福利费、工会经费、职工教育经等为管理组织经营活动提供各项支援性服务而发生的费用。

(3) 财务费用:特别关注其中的利息支出、借款费用等。

3. 税金

税金是指销售税金及附加。

(1) 六税一费:已缴纳的消费税、营业税、城市维护建设税、资源税、土地增值税、出口关税及教育费附加。

(2) 增值税为价外税,不包含在计税中,在应纳税所得额计算时不得扣除。

(3) 企业缴纳的房产税、车船税、土地使用税、印花税等,已经计入管理费中扣除的,不再作为销售税金单独扣除。

4. 损失

损失是指企业在生产经营活动中损失和其他损失。

5. 扣除的其他支出

扣除的其他支出是指除成本、费用、税金、损失外,企业在生产经营活动中发生的与生产经营活动有关的、合理的支出。

(三) 扣除项目的具体标准(共13项)

重点是有扣除限额标准的6项:职工福利费、职工教育经费、工会经费、业务招待费、广告费和业务宣传费、公益捐赠。

1. 工资、薪金支出

企业发生的合理的工资、薪金支出准予据实扣除。

2. 职工福利费、工会经费、职工教育经费

规定标准以内按实际数扣除,超过标准的只能按标准扣除。标准为:

(1) 企业发生的职工福利费支出,不超过工资薪金总额14%的部分准予扣除。

(2) 企业拨缴的工会经费,不超过工资薪金总额2%的部分准予扣除。

(3) 除国务院财政、税务主管部门另有规定外,企业发生的职工教育经费支出,不超过工资薪金总额8% 的部分准予扣除,超过部分准予结转以后纳税年度扣除。

【例题4·计算题】 某企业2×20年实际发放职工工资300万元,其中含福利部门人员工资20万元;除福利部门人员工资外的职工福利费总额为44.7万元,拨缴工会经费5万元,职工教育经费支出9万元。要求:计算工资及三项经费的纳税调整额。

【答案】 可以扣除的福利费限额$=280\times14\%=39.2$(万元),应调增应纳税所得额$=(20+44.7)-39.2=25.5$(万元),可以扣除的工会经费限额$=280\times2\%=5.6$(万元)>5(万元),工会经费可全额扣除,可以扣除的教育经费限额$=280\times8\%=22.4$(万元)>9(万元),不须调整。

3. 社会保险费

- 保险费
  - 人寿险
    - 社会保险(含补充):可以扣除
    - 商业保险:不可以扣除
  - 财产险:可以扣除

4. 利息费用

(1) 非金融企业向金融企业借款的利息支出、金融企业的各项存款利息支出和同业拆借利息支出、企业经批准发行债券的利息支出:可据实扣除。

(2) 非金融企业向非金融企业借款的利息支出:不超过按照金融企业同期同类贷款利率计算的数额的部分可据实扣除,超过部分不许扣除。

【例题5·计算题】 某居民企业2×20年发生财务费用40万元,其中含向非金融企业借款250万元所支付的年利息20万元(当年金融企业贷款的年利率为5.8%)。要求:计算财务费用的纳税调整额。

【答案】 利息税前扣除额=250×5.8%=14.5(万元)

财务费用调增应纳税所得额=20−14.5=5.5(万元)

5. 借款费用

(1) 企业在生产经营活动中发生的合理的不需要资本化的借款费用,准予扣除。

(2) 企业为购置、建造固定资产、无形资产和经过12个月以上的建造才能达到预定可销售状态的存货发生借款的,在有关资产购置、建造期间发生的全部借款费用,应予以资本化,作为资本性支出计入有关资产的成本;有关资产交付使用后发生的借款利息,可在发生当期扣除。

6. 汇兑损失

汇率折算形成的汇兑损失,准予扣除。

7. 广告费和业务宣传费

企业发生的符合条件的广告费和业务宣传费支出,除国务院财政、税务主管部门另有规定外,不超过当年销售(营业)收入15%的部分,准予扣除;超过部分,准予结转以后纳税年度扣除(见表8-3)。

表8-3　　广告费和业务宣传费扣除分析

扣除最高额	销售(营业)收入×15%
实际扣除额	扣除最高限额与实际发生数额孰低原则。 【举例】 某食品生产企业2013年销售收入4 000万元,广告费发生扣除最高限额4 000×15%=600(万元) (1) 广告费发生700万元:税前可扣除600万元,纳税调整100万元 (2) 广告费发生500万元:税前可扣除500万元,纳税调整为0
超标准处理	结转以后纳税年度扣除——时间性差异。如:以前年度累计结转广告费扣除额65万元,本年纳税调减

【例题6·计算题】 某服装厂2×20年销售收入3 000万元,发生现金折扣100万元;转让技术使用权收入200万元,广告费支出1 000万元,业务宣传费40万元。计算广告费和业务宣传费计算应纳税所得额的调整数。

【答案】 广告费和业务宣传费扣除标准=(3 000+200)×15%=480(万元)

广告费和业务宣传费实际发生额=1 000+40=1 040(万元),超标准1 040−480=560(万元),调增所得额560万元。

8. 业务招待费

企业发生的与生产经营活动有关的业务招待费支出,按照发生额的60%扣除,但最高不得超过当年销售(营业)收入的5‰。

(1) 会计上记入"管理费用"科目。

（2）2个扣除标准：

a. 最高不得超过当年销售（营业）收入的5‰。

b. 有合法票据的，按实际的发生额的60%扣除。

业务招待费扣除分析如表8-4所示。

表8-4　　　　业务招待费扣除分析

扣除最高限额	实际发生额×60%；不超过销售（营业）收入×5‰
实际扣除数额	扣除最高限额与实际发生数额的60%孰低原则。 【举例】 纳税人销售收入2 000万元，业务招待费扣除最高限额=2 000×5‰=10（万元）。可分两种情况： （1）假设实际发生业务招待费40万元：40×60%=24（万元）；税前可扣除10万元；纳税调整额=40−10=30（万元） （2）假设实际发生业务招待费15万元：15×60%=9（万元）；税前可扣除9万元；纳税调整额=15−9=6（万元）

计算限额的依据：包括销售货物收入、劳务收入、租金收入、特许权使用费收入、视同销售收入等，即会计核算中的"主营业务收入""其他业务收入"，再加上视同销售收入，但不包括营业外收入。

业务招待费、广告费计算税前扣除限额的依据是相同的。

【例题7·单项选择题】 下列各项中，能作为业务招待费税前扣除限额计提依据的是（　　）。

A. 转让无形资产使用权的收入

B. 因债权人原因确实无法支付的应付款项

C. 转让无形资产所有权的收入

D. 出售固定资产的收入

【答案】 A

【解析】 选项BCD会计上计入营业外收支。

9. 环境保护专项资金

企业依照法律、行政法规有关规定提取的用于环境保护、生态恢复等方面的专项资金，准予扣除。上述专项资金提取后改变用途的，不得扣除。

10. 财产保险费

企业参加财产保险，按照规定缴纳的保险费，准予扣除。

11. 租赁费

企业根据生产经营活动的需要租入固定资产支付的租赁费，按照以下方法扣除：

（1）以经营租赁方式租入固定资产发生的租赁费支出，按照租赁期限均匀扣除。

（2）以融资租赁方式租入固定资产发生的租赁费支出，按照规定构成融资租入固定资产价值的部分应当提取折旧费用，分期扣除。

12. 劳动保护费

企业发生的合理的劳动保护支出，准予扣除。

13. 公益性捐赠支出

企业发生的公益性捐赠支出，不超过年度利润总额12%的部分，准予扣除；超过年度利润总额12%的部分，准予结转以后3年内在计算应纳税所得额时扣除。年度利润总额，是指企业依照国家统一会计制度的规定计算的年度会计利润。

【例题8·单项选择题】 某企业2×13年度利润总额80万元，通过公益性社会团体向某灾区捐赠2万元，直接向某学校捐款5万元。根据企业所得税法律制度的规定，该企业在计算企业所得税应纳税所得额时，可以扣除捐赠支出(　　)万元。

A. 2　　B. 5　　C. 7　　D. 9.6

【答案】 A

【解析】 ①该企业公益性捐赠支出税前扣除限额＝80×12%＝9.6(万元)，实际捐赠支出2万元没有超过该限额，可以全额扣除；②该企业直接向某学校的捐款5万元不能在税前扣除。

自2019年1月1日至2022年12月31日，企业通过公益性社会组织或县级(含县级)以上人民政府及其组成部门和直属机构，用于目标脱贫地区的扶贫捐赠支出，准予在计算应纳税所得额时据实扣除。

五、不得扣除项目

(1) 向投资者支付的股息、红利等权益性投资收益款项。

(2) 企业所得税税款和增值税税款。

(3) 税收滞纳金。

(4) 罚金、罚款和被没收财物的损失。

(5) 超过规定标准的捐赠支出。

(6) 赞助支出，是指企业发生的与生产经营活动无关的各种非广告性质支出。

(7) 未经核定的准备金支出，是指不符合国务院财政、税务主管部门规定的各项资产减值准备、风险准备等准备金支出。

(8) 企业之间支付的管理费、企业内部营业机构之间支付的租金和特许权使用费，以及非银行企业内营业机构之间支付的利息，不得扣除。

六、弥补亏损

税法规定，企业某一纳税年度发生的亏损可以用下一年度的所得弥补，下一年度的所得不足以弥补的，可以逐年延续弥补，但最长不得超过5年。而且，企业在汇总计算缴纳企业所得税时，其境外营业机构的亏损不得抵减境内营业机构的盈利。

亏损弥补举例：

某企业2×14年成立，至2×20年的7年间获利如下：

2×14	2×15	2×16	2×17	2×18	2×19	2×20
−150	−30	20	70	40	−10	55

2×14年亏损由2×15—2×19年5年弥补，到2×19年5年内未能全部弥补，则在2×20年不能进行2×14年亏损弥补。2×15年亏损由2×16—2×20年5年弥补，但是在2×16—2×19年中应当首先弥补2×14年亏损。

七、居民企业应纳税额的计算

居民企业应缴纳所得税额等于应纳税所得额乘以适用税率，基本计算公式为：

应纳税额 = 应纳税所得额 × 适用税率 − 减免税额 − 抵免税额

在实际过程中，应纳税所得额的计算一般有直接法和间接法两种。

（一）直接计算法

在直接计算法下，企业每一纳税年度的收入总额减除不征税收入、免税收入、各项扣除以及允许弥补的以前年度亏损后的余额为应纳税所得额。计算公式与前述相同，即为：

应纳税所得额＝收入总额－不征税收入－免税收入－各项扣除金额－允许弥补的以前年度亏损

（二）间接计算法

在间接计算法下，是在会计利润总额的基础上加或减按照税法规定调整的项目金额后，即为应纳税所得额。计算公式为：

应纳税所得额 = 会计利润总额 ± 纳税调整项目金额

纳税调整项目金额包括两方面的内容：一是企业的财务会计处理和税收规定不一致的应予以调整的金额；二是企业按税法规定准予扣除的税收金额。

【例题 9 · 单项选择题】 2×20 年某居民企业实现产品销售收入 1 300 万，视同销售收入 400 万，发生的成本费用总额 1 600 万，其中业务招待费支出 20 万。假定不存在其他调整事项，2009 年该企业应纳企业所得税（　　）万元。

A. 16.2　　B. 16.8　　C. 27 万　　D. 28

【答案】 D

【解析】 本题有 3 个考点：①业务招待费是否超标；②纳税调整的计算；③应纳税额的基本计算。业务招待费税前扣除限额的计算：(1 300＋400)×5‰＝8(万元)＜20×60%＝12(万元)；调增应纳税所得额 20－8＝12(万元)；应纳税所得额＝1 300＋400－1 600＋12＝112(万元)；应纳企业所得税＝112×25%＝28(万元)。

八、资产的税务处理

1. 不得计算折旧扣除的固定资产

(1) “房屋、建筑物以外”未投入使用的固定资产。

(2) 以经营租赁方式租入的固定资产。

(3) 以融资租赁方式租出的固定资产。

(4) 已提足折旧继续使用的固定资产。

(5) 与经营活动无关的固定资产。

(6) 单独估价作为固定资产入账的土地。

(7) 其他不得计提折旧扣除的固定资产。

【例题 10 · 单项选择题】 根据企业所得税法律制度的规定，下列固定资产中，在计算企业所得税应纳税所得额时，准予扣除折旧费的是（　　）。

A. 未投入使用的房屋
B. 以经营租赁方式租入的固定资产
C. 未投入使用的机器设备
D. 以融资租赁方式租出的固定资产

【答案】 A

【解析】 选项AC:“房屋、建筑物以外”未投入使用的固定资产,不得计算折旧在企业所得税税前扣除;选项BD:以经营租赁方式“租入”的固定资产、以融资租赁方式“租出”的固定资产,不得计提折旧在企业所得税税前扣除。

2. 固定资产的计税基础

(1) 外购的固定资产,以购买价款和支付的相关税费以及直接归属于使该资产达到预定用途发生的其他支出为计税基础。

(2) 自行建造的固定资产,以竣工结算前发生的支出为计税基础。

(3) 融资租入的固定资产,以租赁合同约定的付款总额和承租人在签订租赁合同过程中发生的相关费用为计税基础,租赁合同未约定付款总额的,以该资产的公允价值和承租人在签订租赁合同过程中发生的相关费用为计税基础。

(4) 盘盈的固定资产,以同类固定资产的“重置完全价值”为计税基础。

(5) 通过捐赠、投资、非货币性资产交换、债务重组等方式取得的固定资产,以该资产的公允价值和支付的相关税费为计税基础。

3. 生产性生物资产折旧的计提方法

(1) 生产性生物资产按照直线法计算的折旧,准予扣除。

(2) 企业应当自生产性生物资产投入使用月份的“次月”起计算折旧;停止使用的生产性生物资产应当自停止使用月份的“次月”起停止计算折旧。

【例题11·判断题】 停止使用的生产性生物资产,应当自停止使用的当月起停止折旧。( )

【答案】 ×

【解析】 停止使用的生产性生物资产,应当自停止使用月份的次月起停止计算折旧。

九、特别纳税调整

1. 调整方法

税法规定对关联企业所得不实的,调整方法如下:

(1) 可比非受控价格法,是指按照没有关联关系的交易各方进行相同或者类似业务往来的价格进行定价的方法。

(2) 再销售价格法,是指按照从关联方购进商品再销售给没有关联关系的交易方的价格,减除相同或者类似业务的销售毛利进行定价的方法。

(3) 成本加成法,是指按照成本加合理的费用和利润进行定价的方法。

(4) 交易净利润法,是指按照没有关联关系的交易各方进行相同或者类似业务往来取得的净利润水平确定利润的方法。

(5) 利润分割法,是指将企业与其关联方的合并利润或者亏损在各方之间采用合理标准进行分配的方法。

(6) 其他符合独立交易原则的方法。

【例题12·计算题】 甲公司申报以25万元从境外关联公司购入一批产品，又将这批产品以22万元转售给无关联公司。税务机关可按其转售给无关联公司的价格减除合理的销售毛利，来调整该公司与关联公司的交易价格。假定该公司合理的销售毛利率为20%。

要求：利用再销售价格法计算该公司缴纳的企业所得税。

【答案】 该公司转售此批产品的合理进货价格＝22×(1－20%)＝17.6(万元)。税务机关可按这一价格调整该公司与关联公司的进货价格。

$$应纳税额 = (22 - 17.6) \times 25\% = 1.1(万元)$$

2. 加收利息

特别纳税调整后，纳税人除补税，还要加收利息。

【例题13·计算题】 根据《企业所得税法》的规定，下列利息支出可以在企业所得税税前扣除的是(　　)。

A. 逾期偿还贷款的银行罚息

B. 非银行企业内营业机构之间支付的利息

C. 税务机关对关联交易进行调整，对补税税额按国务院规定加收的利息

D. 经过12个月以上的建造才能达到预定可销售状态的存货发生借款的利息支出

【答案】 A

【解析】 选项B，非银行企业内营业机构之间支付的利息不得税前扣除；选项C，纳税人被税务机关处以税款的加息、罚息不得税前扣除；选项D，经过12个月以上的建造才能达到预定可销售状态的存货发生借款的利息支出应予以资本化。

十、税收优惠

税收优惠：
- 税额式减免优惠(免税、减税、税额抵免)
- 税基式减免优惠(加计扣除、加速折旧、减计收入)
- 税率式减免优惠(减低税率)

(一) 居民企业的主要税收优惠规定

1. 税额式减免优惠(免税、减税、税额抵免)

(1) 企业的从事农、林、牧、渔业项目的所得，可以免征、减征企业所得税。

(2) 从事国家重点扶持的公共基础设施项目投资经营的所得(第一笔生产经营收入年度起三免三减半)。

(3) 符合条件的技术转让所得(一个纳税年度500万元以下免，超过的减半)。

(4) 从事符合条件的环境保护、节能节水项目的所得(第一笔生产经营收入年度起三免三减半)。

(5) 企业购置并实际使用的环境保护、节能节水、安全生产等专用设备的投资额，可以按一定比例实行税额抵免(按投资额的10%抵免当年和结转5年的所得税)。

【例题14·单项选择题】 企业取得下列各项所得，可以免征企业所得税的有(　　)。

A. 林产品的采集所得　　　　B. 海水养殖、内陆养殖所得

C. 香料作物的种植所得　　　　　　　　D. 农作物新品种的选育所得

【答案】 AD

【例题 15·单项选择题】 2×20 年某居民企业(增值税一般纳税人)购买安全生产专用设备用于生产经营，取得的增值税专用发票上注明设备价款 10 万元，增值税 1.7 万元。已知该企业 2×18 年亏损 40 万元，2×19 年盈利 20 万元。2×20 年度经审核的应纳税所得额 60 万元。2×20 年度该企业实际应缴纳企业所得税(　　)万元。

A. 6.83　　　B. 8.83　　　C. 9　　　D. 10

【答案】 C

【解析】 考核亏损弥补、税收优惠、税额计算。企业购置并实际使用安全生产专用设备的，该专用设备投资额的 10%可以从企业当年应纳税额中抵免。

当年应纳税额=[60-(40-20)]×25%=10(万元)

实际应纳税额=10-10×10%=9(万元)

取得的是增值税专用发票，2×20 年可抵扣进项税，设备投资额为不含增值税的价格。如果取得普通发票，则实际应纳税额=10-11.7×10%=8.83(万元)。

2. 税基式减免优惠(加计扣除、加速折旧、减计收入)

(1) 用减计收入的方法缩小税基的优惠：企业综合利用资源，生产符合国家产业政策规定的产品所取得的收入，可以在计算应纳税所得额时减计收入(减按 90%计入收入)。

(2) 用加计扣除的方法减少税基的优惠：企业开发新技术、新产品、新工艺发生的研究开发费用(加计 50%扣除)；安置残疾人员所支付的工资(加计 100%扣除)。

(3) 用单独计算扣除的方法减少税基的优惠：创业投资企业从事国家需要重点扶持和鼓励的创业投资，可以按投资额的一定比例抵扣应纳税所得额。

(4) 用加速折旧的方法影响税基：企业的固定资产由于技术进步等原因，确需加速折旧的，可以缩短折旧年限或者采取加速折旧的方法。

【例题 16·单项选择题】 甲企业(创业投资企业)2×19 年 1 月 1 日向乙企业(未上市的中小高新技术企业)投资 200 万元，股权持有到 2×20 年 12 月 31 日。甲企业 2×20 年度经营所得 500 万元，则应纳税所得额为(　　)万元。

A. 500　　　B. 360　　　C. 350　　　D. 300

【答案】 B

【解析】 该企业可抵扣的应纳税所得额为 200×70%=140(万元)，则应纳税所得额=500-140=360(万元)。

3. 税率式减免优惠(减低税率)

(1) 国家需要重点扶持的高新技术企业，减按 15%的税率征收企业所得税。

(2) 符合条件的小型微利企业，减按 20%的税率征收企业所得税。

(二) 非居民企业税收优惠(见表 8-5)

表 8-5　　非居民企业税收优惠

优惠种类	具体规定
减按低税率	在我国未设立机构场所，或设立机构场所，但取得的所得与机构场所没有实际联系的非居民企业减按 10%的税率征收企业所得税

（续表）

优惠种类	具体规定
免征企业所得税	非居民企业的下列所得免征企业所得税： （1）外国政府向中国政府提供贷款取得的利息所得； （2）国际金融组织向中国政府和居民企业提供优惠贷款取得的利息所得； （3）经国务院批准的其他所得

十一、征收管理

1. 纳税地点

居民企业：除税收法律、行政法规另有规定外，居民企业以企业登记注册地为纳税地点；但登记注册地在境外的，以实际管理机构所在地为纳税地点。

2. 纳税期限

企业所得税按年计征，分月或者分季预缴，年终汇算清缴，多退少补。

企业所得税的纳税年度采用公历年制，企业在一个纳税年度中间开业，或者由于合并、关闭等原因终止经营活动，使该纳税年度的实际经营期不足 12 个月的，应当以其实际经营期为一个纳税年度。企业清算时，应当以清算期为一个纳税年度。

企业应当自年度终了之日起 5 个月内，向税务机关报送年度企业所得税纳税申报表，并汇算清缴，结清应缴应退税款。

企业在年度中间终止经营活动的，应当自实际经营终止之日起 60 日内，向税务机关办理当期企业所得税汇算清缴。

3. 纳税申报

企业应当自月份或者季度终了之日起 15 日内，向税务机关报送预缴企业所得税纳税申报表，预缴税款。企业在报送企业所得税纳税申报表时，应当按照规定附送财务会计报告和其他有关资料。

【例题 17 · 多项选择题】 以下关于企业所得税征收管理的规定正确的有（　　）。

A. 非居民企业在中国境内设立机构、场所取得的所得（与所设机构、场所有实际联系的），以机构、场所所在地为纳税地点

B. 居民企业在中国境内设立不具有法人资格的营业机构的，应当汇总计算并缴纳企业所得税

C. 非居民企业在中国境内设立两个或者两个以上机构、场所的，经税务机关审核批准，可以选择由其主要机构、场所汇总缴纳企业所得税

D. 除国务院另有规定外，企业之间不得合并缴纳企业所得税

【答案】 ABCD

思考与练习

一、单项选择题

1. 根据企业所得税法律制度的规定，下列各项中，按照负担、支付所得的企业所在地确定所得来源地的是（　　）。

A. 销售货物所得　　B. 权益性投资资产转让所得
C. 动产转让所得　　D. 租金所得

2. 根据企业所得税法律制度的规定，企业的下列收入中，属于不征税收入范围的是(　　)。

A. 财政拨款　　B. 租金收入
C. 产品销售收入　　D. 国债利息收入

3. 某境内居民企业 2×20 年销售收入 3 000 万元，固定资产处置净收益 30 万元，业务招待费支出 30 万元。根据企业所得税法律制度的规定，该企业在计算应纳税所得额时，准予在税前扣除的业务招待费支出是(　　)万元。

A. 30　　B. 15　　C. 15.15　　D. 18

4. 某企业 2×20 年度实现利润总额 20 万元，在营业外支出账户列支了通过公益性社会团体向贫困地区的捐款 5 万元。根据企业所得税法律制度的规定，在计算该企业 2×20 年度应纳税所得额时，允许扣除的捐款数额为(　　)万元。

A. 5　　B. 2.4　　C. 1.5　　D. 1

5. 根据企业所得税法律制度的规定，下列各项中，准予在企业所得税税前扣除的是(　　)。

A. 支付违法经营的罚款　　B. 被没收财物的损失
C. 支付的税收滞纳金　　D. 支付银行加收的罚息

6. 某企业是国家需要重点扶持的高新技术企业，2×20 年度该企业的应纳税所得额为 200 万元，该企业 2×20 年应纳的企业所得税额为(　　)万元。

A. 50　　B. 40　　C. 30　　D. 20

7. 甲居民企业适用的企业所得税税率为 25%，2×20 年境内应纳税所得额为 160 万元，其设在 A 国的分公司应纳税所得额折合人民币为 90 万元，在 A 国已缴纳企业所得税折合人民币 27 万元。则该企业 2×20 年在我国实际应缴纳的企业所得税为(　　)万元。

A. 17.5　　B. 22.5　　C. 35.5　　D. 40

8. 下列各项中，能作为业务招待费税前扣除限额计算基数的是(　　)。

A. 让渡固定资产使用权的收入
B. 因债权人原因确实无法支付的应付款项
C. 转让无形资产所有权的收入
D. 出售固定资产的收入

9. 依据企业所得税的相关规定，下列表述中，正确的是(　　)。

A. 企业未使用的房屋和建筑物，不得计提折旧
B. 企业以经营租赁方式租入的固定资产，应当计提折旧
C. 企业盘盈的固定资产，以该固定资产的原值为计税基础
D. 企业自行建造的固定资产，以竣工结算前发生的支出为计税基础

10. 根据企业所得税法的规定，下列表述正确的是(　　)。

A. 在境外成立的企业均属于非居民企业
B. 在境内成立但有来源于境外所得的企业属于居民企业

C. 依照外国法律成立，实际管理机构在中国境内的企业属于非居民企业

D. 依照外国法律成立，实际管理机构不在中国境内但在中国境内设立机构、场所的企业属于非居民企业

11. 根据企业所得税的规定，下列各项捐赠中，在计算应纳税所得额时准予按利润总额的一定比例计算限额扣除的是（　　）。

A. 纳税人直接向某学校的捐赠

B. 纳税人通过关联企业向自然灾害地区的捐赠

C. 纳税人通过电视台向灾区的捐赠

D. 纳税人通过民政部门向贫困地区的捐赠

12. 纳税人在计算应纳税所得额时，企业发生的下列项目中，不超过规定比例的准予在税前扣除，超过部分，准予在以后年度结转扣除的是（　　）。

A. 职工福利费　　B. 工会经费

C. 职工教育经费　　D. 社会保险费

13. 2×20 年甲企业取得销售收入 3 000 万元，广告费支出 400 万元，上年结转广告费 60 万元。根据企业所得税法律制度的规定，甲企业 2×20 年准予扣除的广告费是（　　）万元。

A. 460　　B. 510　　C. 450　　D. 340

14. 根据企业所得税法的规定，企业在年度中间终止经营活动的，向税务机关办理当期企业所得税汇算清缴的期限是自实际经营终止之日起（　　）日内。

A. 60　　B. 90　　C. 120　　D. 150

15. 根据企业所得税法律制度的规定，下列各项中，不属于企业所得税纳税人的是（　　）。

A. 事业单位　　B. 合伙企业

C. 社会团体　　D. 民办非企业单位

二、多项选择题

1. 根据企业所得税法律制度的规定，下列各项中，不属于企业所得税纳税人的有（　　）。

A. 有限责任公司　　B. 股份有限公司

C. 个人独资企业　　D. 合伙企业

2. 根据企业所得税法律制度的规定，下列各项中，在计算企业所得税应纳税所得额时不得扣除的有（　　）。

A. 向投资者支付的红利

B. 企业内部营业机构之间支付的租金

C. 企业内部营业机构之间支付的特许权使用费

D. 未经核定的准备金支出

3. 根据企业所得税法律制度的规定，下列资产中，计提的折旧可以在企业所得税税前扣除的有（　　）。

A. 生产性生物资产

B. 以经营租赁方式租出的固定资产

C. 以融资租赁方式租出的固定资产

D. 已足额提取折旧仍继续使用的固定资产

4. 依据企业所得税法的规定，判定居民企业的标准有（　　）。

A. 登记注册地标准

B. 所得来源地标准

C. 经营行为实际发生地标准

D. 实际管理机构所在地标准

5. 下列符合所得税确认收入规则的有（　　）。

A. 商品销售涉及商业折扣的，应当按照扣除商业折扣后的金额确定销售商品收入金额

B. 销售商品采取预收款方式的，在发出商品时确认收入

C. 销售商品采用支付手续费方式委托代销的，在收到代销清单时确认收入

D. 一般情况下，采用售后回购方式销售商品的，销售的商品按售价确认收入，回购的商品作为购进商品处理

6. 根据企业所得税法的规定，企业的下列收入中，属于免税收入范畴的是（　　）。

A. 非营利组织的非营利性收入　　B. 销售产品收入

C. 国债利息收入　　D. 出租固定资产收入

7. 根据企业所得税法律制度的规定，下列各项中，准予在以后纳税年度结转扣除的有（　　）。

A. 职工教育经费　　B. 广告费

C. 业务宣传费　　D. 业务招待费

8. 甲公司 2×20 年度取得销售收入 4 000 万元，当年发生的与生产经营有关的业务招待费支出 60 万元、广告费和业务宣传费 200 万元。根据企业所得税法律制度的规定，甲公司在计算当年应纳税所得额时，下列关于业务招待费、广告费和业务宣传费准予扣除数额的表述中，正确的有（　　）。

A. 业务招待费准予扣除的数额为 20 万元

B. 业务招待费准予扣除的数额为 36 万元

C. 广告费和业务宣传费准予扣除的数额为 600 万元

D. 广告费和业务宣传费准予扣除的数额为 200 万元

9. 甲企业 2×20 年利润总额为 2 000 万元，工资薪金支出为 1 500 万元，已知在计算企业所得税应纳税所得额时，公益性捐赠支出、职工福利费支出、职工教育经费支出的扣除比例分别为不超过 12%、14%和 8%。下列支出中，允许在计算 2×20 年企业所得税应纳税所得额时全额扣除的有（　　）。

A. 公益性捐赠支出 200 万元

B. 职工福利费支出 160 万元

C. 职工教育经费支出 40 万元

D. 2×20 年 7 月至 2×21 年 6 月期间的厂房租金支出 50 万元

10. 根据企业所得税法律制度的规定，纳税人缴纳的下列税种中，可以在企业所得税税

前扣除的有(　　)。

A. 增值税　　B. 土地增值税

C. 城镇土地使用税　　D. 城市维护建设税

三、判断题

1. 某有限责任公司2×20年的实发工资薪金总额为950万元，支出的职工福利费为150万元，在计算该公司2×20年的应纳税所得额时，支出的职工福利费用应据实扣除。(　　)

2. 销售商品涉及现金折扣的，应当按扣除现金折扣前的金额确定销售商品收入金额，现金折扣在实际发生时作为财务费用扣除。(　　)

3. 符合条件的小型微利企业，减按20%的税率征收企业所得税。(　　)

4. 企业所得税的征税对象包括居民企业来源于境内和境外的各项所得，以及非居民企业来源于境外的各项所得。(　　)

5. 企业安置残疾人员所支付工资费用的加计扣除，是指企业安置残疾人员的，在按照支付给残疾职工工资据实扣除的基础上，按照支付给残疾职工工资的100%加计扣除。

(　　)

四、计算题

1. 2×20年某居民企业主营业务收入5 000万元，营业外收入80万元，与收入配比的成本4 100万元，全年发生管理费用、销售费用和财务费用共计700万元，营业外支出700万元(其中符合规定的公益性捐赠支出50万元)，2×19年度经核准结转的亏算额30万元。假设该企业无其他调整事项。要求：计算企业2×20年应缴纳的企业所得税。

2. 某居民企业系增值税一般纳税人，2×20年取得商品销售收入5 500万元，转让固定资产的净收益50万元，投资收益80万元；发生商品销售成本2 200万元，营业税金及附加120万元，发生销售费用1 900万元，管理费用960万元，财务费用180万元，营业外支出100万元，实现利润总额170万元，企业自行计算缴纳企业所得税＝170×25%＝42.5(万元)。经注册会计师审核，发现2×20年该企业存在如下问题：

(1) 销售费用中含广告费800万元，业务宣传费300万元；12月购进一台符合《安全生产专用设备企业所得税优惠目录》规定的安全生产专用设备，取得增值税专用发票上注明价款30万元、增值税5.1万元，当月投入使用，企业将该设备购买价款30万元一次性在销售费用中列支。

(2) 管理费用中含业务招待费80万元，支付给其他企业租金30万元。

(3) 财务费用中含支付给银行的借款利息60万元、逾期罚息10万元。

(4) 营业外支出中含通过公益性社会团体向灾区捐款65万元，因违反合同约定支付给其他企业违约金30万元，因违反工商管理规定被工商局处以罚款5万元。

(5) 投资收益中含国债利息收入10万元；从境外A国子公司分回税后收益45万元，A国政府规定的所得税率为30%；从境外B国子公司分回税后投资收益25万元，B国政府规定的所得税率为20%。

(6) 已计入成本、费用中的全年实发合理的工资总额为400万元，实际拨缴的工会经费

6 万元，发生职工福利费 60 万元、职工教育经费 15 万元。

要求：根据上述资料，回答下列问题：

(1) 计算该居民企业准予在企业所得税前扣除的广告费和业务宣传费金额。

(2) 计算该居民企业准予在企业所得税前扣除的管理费用金额。

(3) 计算该居民企业准予在企业所得税前扣除的营业外支出金额。

(4) 该居民企业计算应纳税所得额时，工资总额、工会经费、职工福利费和职工教育经费应调整应纳税所得额的金额。

(5) 计算该居民企业 2×20 年度境内应纳税所得额。

(6) 计算该居民企业境外所得应在我国补缴的企业所得税。

(7) 计算该居民企业应补(退)企业所得税税额。

第九章　个人所得税法

本章基本内容框架

- 纳税义务人与征税范围
  - 纳税义务人
    - 居民纳税人
    - 非居民纳税人
  - 征税范围(6 个)
- 税率
  - 累进税率
  - 比例税率
- 应纳税额的计算
  - 6 个税目应纳税额的计算
  - 应纳税额计算的特殊问题
- 税收优惠
  - 免征个人所得税的优惠
  - 减征个人所得税的优惠
- 征收管理

重点、难点讲解及典型例题

一、纳税人和征税对象

(一) 纳税人

个人所得税是对个人(即自然人)取得的各项应税所得征收的一种税。

个人所得税的纳税人包括中国公民,外籍个人以及中国香港、中国澳门、中国台湾同胞等,又包括“自然人性质的特殊主体”,如个体工商户、个人独资企业、合伙企业。

(二) 纳税人分类及纳税义务(见表 9-1)

表 9-1　　纳税人分类及纳税义务

纳税人	判定标准	纳税义务
居民	有住所	境内所得+境外所得
	无住所而“一个纳税年度内”在中国境内居住“满 183 天”	
非居民	无住所又不居住	境内所得
	无住所而“一个纳税年度内”在中国境内居住“不满 183 天”	

例如:加拿大人侃大山于 2019 年 11 月 1 日被加拿大母公司派往中国工作 8 年,每年其均在 6 月回国探亲 20 天,12 月返回加拿大母公司述职 25 天,2027 年 12 月 1 日返回加拿大工作(假设加拿大与我国没有相关税收协定)。

【思考】 2019年度是否为居民纳税人？

否，2019年度，侃大山一个纳税年度内在中国境内居住不满183天。

【思考】 2020年度是否为居民纳税人？

是，2020年度，侃大山一个纳税年度内在中国境内居住满183天。

（三）所得“来源”地

【注意】 所得来源地与所得支付地，两者可能是一致的，也可能是不同的，我国个人所得税依据“所得来源地”判断经济活动的实质，征收个人所得税。

例如：美国人汤姆被美国母公司派往中国子公司进行为期8个月的业务指导，业务指导期间其工资由美国母公司发放。其中所得来源地为中国，所得支付地为美国。

下列所得，不论支付地点是否在中国境内，均为来源于中国境内的所得：

(1) 因任职、受雇、履约等而在中国境内提供劳务取得的所得。

(2) 将财产出租给承租人在中国境内使用而取得的所得。

(3) 许可各种特许权在中国境内使用而取得的所得。

(4) 转让中国境内的不动产等财产或者在中国境内转让其他财产取得的所得。

(5) 从中国境内企事业单位和其他经济组织或者居民个人取得的利息、股息、红利所得。

【例题1·单项选择题】 根据个人所得税法律制度的规定，下列各项中，不属于个人所得税纳税人的是（　　）。

A. 个人独资企业的投资者个人

B. 一人有限责任公司

C. 个体工商户

D. 合伙企业中的自然人合伙人

【答案】 B

【例题2·单项选择题】 根据个人所得税法律制度的规定，在中国境内无住所但取得所得的下列外籍个人中，不属于居民纳税人的是（　　）。

A. 怀特，2019年3月1日入境，12月31日离境，期间三次临时离境，每次20天

B. 汤姆，2019年9月1日入境，次年3月1日离境

C. 海南维，2019年6月1日入境，12月31离境

D. 麦克，2019年6月1日入境，12月31离境，期间临时离境25天

【答案】 B

二、征税范围与应纳税额的计算

（一）综合所得

综合所得，包括工资、薪金所得，劳务报酬所得，稿酬所得，特许权使用费所得四项。

居民个人按纳税年度“合并计算”个人所得税，非居民个人按月或者按次分项计算个人所得税。

【例题3·多项选择题】 根据个人所得税法律制度的规定，下列各项中，属于个人综合所得的有（　　）。

A. 工资、薪金所得　　B. 稿酬所得
C. 特许权使用费所得　　D. 财产租赁所得

【答案】 ABC

【解析】 综合所得除ABC三项外，还包括劳务报酬所得；选项D，属于财产租赁所得。

1. “工资、薪金所得”税目

1）基本规定

工资、薪金所得是指个人因“任职或者受雇”而取得的所得，属于“非独立”个人劳动所得。

【注意】 不属于工资、薪金性质的补贴、津贴，不征收个人所得税，包括：

(1) 独生子女补贴。

(2) 托儿补助费。

(3) 差旅费津贴、误餐补助。

(4) 执行公务员工资制度未纳入基本工资总额的补贴、津贴差额和家属成员的副食补贴。

2）特殊规定

(1) 解除劳动关系一次性补偿收入按“工资、薪金所得”缴纳个税。

(2) 离退休人员按规定领取离退休工资或养老金外，“另从原任职单位取得的各类补贴、奖金、实物”，不属于免税项目，应按“工资、薪金所得”缴纳个税。

(3) 内部退养人员“再就业”、退休人员“再任职”取得的收入，按“工资、薪金所得”缴纳个税。

(4) 个人取得“公务交通、通信补贴收入”扣除一定标准的公务费用后，按照“工资、薪金所得”项目计征个人所得税。

(5) 个人因任职、受雇上市公司取得的“股票增值权”“限制性股票”所得，按“工资、薪金所得”缴纳个税。

(6) 保险金。

“失业保险”：缴费超过规定比例部分，按“工资、薪金所得”项目计征个人所得税。

“三险一金以外的非免税保险”：按“工资、薪金所得”项目计征个人所得税。

(7) 企业年金(职业年金)。

缴纳时：单位缴费部分超过国家有关政策标准，个人缴费部分超过工资4%的部分并入本月工资，按“工资、薪金所得”项目计征个人所得税。

领取时：按“工资、薪金所得”项目计征个人所得税。

(8) 特殊职业。

“兼职”(同时在两个以上所“任职、受雇”)律师：从律师事务所取得工资、薪金性质的收入以收入全额为应纳税所得额，不扣减生计费。兼职律师应自行申报两处或两处以上取得的“工资、薪金所得”，合并计算缴纳个人所得税。

(9) 非营利性科研机构及高校奖励(2019年新增)

依法批准设立的非营利性研究开发机构和高校根据规定，从职务科技成果转化收入中给予科技人员的现金奖励，可减按50%计入科技人员当月“工资、薪金所得”，依法缴纳个人所得税。

【例题 4 · 单项选择题】 根据个人所得税法律制度的规定，下列各项中，应缴纳个人所得税的是(　　)。

A. 年终加薪　　B. 托儿补助费　　C. 差旅费津贴　　D. 误餐补助

【答案】 A

2. “劳务报酬所得”税目

(1) 基本规定。

劳务报酬所得是指个人独立从事“非雇佣”的各种劳务所得。

(2) “劳务报酬所得”VS“工资、薪金所得”(见表 9-2)。

表 9-2　“劳务报酬所得”VS“工资、薪金所得”

职业	收入来源	税目
老师、演员	在单位授课、演出取得所得	工资、薪金所得
	在外授课、演出取得所得	劳务报酬所得或经营所得
个人	兼职所得	劳务报酬所得
受雇于律师个人	为律师个人工作取得所得	劳务报酬所得(由该律师代扣代缴)

【例题 5 · 多项选择题】 根据个人所得税法律制度的规定，个人取得的下列收入中，应按照“劳务报酬所得”税目计缴个人所得税的有(　　)。

A. 某经济学家从非雇佣企业取得的讲学收入

B. 某职员取得的本单位优秀员工奖金

C. 某工程师从非雇佣企业取得的咨询收入

D. 某高校教师从任职学校领取的工资

【答案】 AC

3. “稿酬所得”税目

(1) 基本规定。稿酬所得是指个人因其作品以图书、报刊形式“出版、发表”而取得的所得。

(2) 遗作稿酬。作者去世后，财产继承人取得的遗作稿酬，也应收个人所得税。

4. “特许权使用费所得”税目

(1) 基本规定。特许权使用费所得是指个人提供“专利权、商标权、著作权、非专利技术”以及其他特许权的“使用权”所得。

(2) 特别规定。①作者将自己的文字作品“手稿原件或复印件”公开拍卖取得的所得，按“特许权使用费所得”计税；②个人取得特许权的“经济赔偿收入”，按“特许权使用费所得”计税；③编剧从电视剧的制作单位取得的“剧本使用费”，按“特许权使用费所得”计税，无论剧本使用方是否为其任职的单位。

【例题 6 · 多项选择题】 根据个人所得税法律制度的规定，下列各项中，应按照“特许权使用费所得”税目计缴个人所得税的有(　　)。

A. 作家公开拍卖自己的小说手稿原件取得的收入

B. 编辑在自己所任职的出版社出版专著所取得的收入

C. 专利权人许可他人使用自己的专利取得的收入
D. 商标权人许可他人使用的商标取得的收入
【答案】 ACD
(二) 居民纳税人“综合所得”应纳税额计算
1. 计税方法
居民纳税人的综合所得：按“年”计征。
2. 适用税率
综合所得执行3%～45%七级超额累进税率(见表9-3)。

表9-3　个人所得税税率表

级数	全年应纳税所得额	税率	速算扣除数
1	不超过36 000元的	3%	0
2	超过36 000元至144 000元的部分	10%	2 520
3	超过144 000元至300 000元的部分	20%	16 920
4	超过300 000元至420 000元的部分	25%	31 920
5	超过420 000元至660 000元的部分	30%	52 920
6	超过660 000元至960 000元的部分	35%	85 920
7	超过960 000元的部分	45%	181 920

3. 应纳税所得额——采用“定额扣除”与“附加扣除”相结合的方式

应纳税所得额 = 每年收入额 − 生计费 − 专项扣除 − 专项附加扣除 − 其他扣除

(1) 生计费。每“年”扣除限额为“60 000元”。

(2) 专项扣除。个人按照国家或省级政府规定的缴费比例或办法实际缴付的“三险一金”，允许在个人应纳税所得额中扣除，超过规定比例和标准缴付的，超过部分并入个人当期的工资、薪金收入，计征个人所得税。

(3) 专项附加扣除：

a. 子女教育专项附加扣除。纳税人的子女接受学前教育和学历教育的相关支出，按照每个子女每月1 000元的标准定额扣除。

b. 继续教育专项附加扣除。纳税人接受学历(学位)继续教育的支出，在学历(学位)教育期间按照每月400元定额扣除。

纳税人接受技能人员职业资格继续教育、专业技术人员职业资格继续教育的支出，在取得相关证书的当年，按照每年3 600元定额扣除。

c. 大病医疗专项附加扣除。在一个纳税年度内，纳税人发生的与基本医保相关的医药费用支出，在80 000元限额内据实扣除。

d. 住房贷款利息专项附加扣除。首套住房贷款利息支出，在实际发生贷款利息的年度，按照每月1 000元的标准定额扣除。

e. 住房租金专项附加扣除。直辖市、省会(首府)城市、计划单列市以及国务院确定的其他城市，扣除标准为每月1500元；除第一项所列城市以外，市辖区户籍人口超过100万的城市，扣除标准为每月1 100元；市辖区户籍人口不超过100万的城市，扣除标准为每月800元。

f. 赡养老人专项附加扣除。纳税人为独生子女的，按照每月 2 000 元的标准定额扣除；纳税人为非独生子女的，由其与兄弟姐妹分摊每月 2 000 元的扣除额度，每人分摊的额度不能超过每月 1 000 元。

(4) 其他扣除。企业年金、职业年金、商业健康保险、税收递延型商业养老保险。

(5) 劳务报酬所得、稿酬所得、特许权使用费所得以收入减除 20%的费用后的余额为收入额。稿酬所得的收入额减按 70%计算。

4. 应纳税额

应纳税额 = 应纳税所得额 × 适用税率 − 速算扣除数

【例题 7 · 计算题】 赵某是我国公民，独生子单身，在甲公司工作。2019 年取得工资收入 80 000 元，在某大学授课取得收入 40 000 元，出版著作一部，取得稿酬 60 000 元，转让商标使用权，取得特许权使用费收入 20 000 元。已知：赵某个人缴纳"三险一金"20 000 元，赡养老人支出税法规定的扣除金额为 24 000 元，假设无其他扣除项目，计算赵某本年应缴纳的个人所得税。

【答案】 应纳税所得额＝80 000＋40 000×(1－20%)＋60 000×(1－20%)×70%＋20 000×(1－20%)－60 000－20 000－24 000＝57 600(元)。

应纳税额＝57 600×10%－2 520＝3 240(元)

(三) 非居民纳税人"综合所得"应纳税额计算

1. 计税方法

(1) "工资、薪金"所得：按"月"计征；

(2) "劳务报酬"所得、"稿酬"所得、"特许权使用费"所得：按"次"计征。

【关于"次"的判定】

属于"一次性"收入的，以取得该项收入为一次；属于同一项目"连续性"取得收入的，以"1 个月"内取得的收入为一次

例如：非居民纳税人汤姆赵的职业为歌手，每周去闪亮酒吧演唱 2 次，属于同一事项连续取得收入。

2. 适用税率

执行 3%～45%七级超额累进税率(见表 9-4)。

表 9-4　　个人所得税税率表

级数	全"月"(或次)应纳税所得额	税率	速算扣除数
1	不超过 3 000 元的	3%	0
2	超过 3 000 元至 12 000 元的部分	10%	210
3	超过 12 000 元至 25 000 元的部分	20%	1 410
4	超过 25 000 元至 35 000 元的部分	25%	2 660
5	超过 35 000 元至 55 000 元的部分	30%	4 410
6	超过 55 000 元至 80 000 元的部分	35%	7 160
7	超过 80 000 元的部分	45%	15 160

3. 应纳税所得额

(1) 工资、薪金所得。以每月收入额减除“5 000元”后的余额为应纳税所得额

$$应纳税所得额 = 每月收入额 - 5\ 000$$

(2) 劳务报酬所得、稿酬所得、特许权使用费所得：

a. 以收入减除“20%”的费用后的余额为收入额。

b. 以每次“收入额”为应纳税所得额。

c. “稿酬所得”的收入额减按“70%”计算。

$$劳务报酬所得、特许权使用费所得应纳税所得额 = 每次所得 \times (1 - 20\%)$$

$$稿酬所得应纳税所得额 = 每次所得 \times (1 - 20\%) \times 70\%$$

4. 应纳税额

$$应纳税额 = 应纳税所得额 \times 适用税率 - 速算扣除数$$

【例题8·单项选择题】 2×20年1月王某(非居民纳税人)为李某提供一个月的钢琴培训,分两次取得劳务报酬,分别为1 000元、3 000元,共计4 000元。已知劳务报酬所得每次应纳税所得额不超过3 000元的,适用税率为3%,超过3 000元至12 000元的部分,适用税率为10%,速算扣除数210。计算代扣代缴王某当月钢琴培训劳务报酬应缴纳个人所得税税额的下列算式中,正确的是(　　)。

A. [1 000×(1－20%)＋3 000×(1－20%)]×(1－20%)×3%＝76.8(元)

B. 1 000×(1－20%)×3%＋3 000×(1－20%)×3%＝96(元)

C. 4 000×(1－20%)×10%－210＝110(元)

D. 4 000×10%－210＝190(元)

【答案】 C

【例题9·单项选择题】 2×20年3月李某(非居民纳税人)出版一部小说,取得稿酬10 000元,已知稿酬所得每次应纳税所得额超过3 000元至12 000元的部分,适用税率为10%,速算扣除数210。计算代扣代缴李某当月稿酬所得应缴纳个人所得税税额的下列算式中,正确的是(　　)。

A. 10 000×70%×10%－210＝490(元)

B. 10 000×(1－20%)×10%－210＝590(元)

C. 10 000×10%－210＝790(元)

D. 10 000×(1－20%)×70%×10%－210＝350(元)

【答案】 D

(四) 经营所得

1. 基本规定

(1) 个人通过在中国境内注册登记的“个体工商户、个人独资企业、合伙企业”从事生产、经营活动取得的所得。

(2) 个人依法取得执照,从事办学、医疗、咨询以及其他有偿服务活动取得的所得。

(3) 个人承包、承租、转包、转租取得的所得。

(4) 个人从事其他生产、经营活动取得的所得。

2. 特殊规定

(1) 出租车运营：

a. 经营单位对出租车驾驶员采取“单车承包或承租方式运营”，驾驶员收入按“工资、薪金所得”缴纳个税。

b. 出租车属于个人所有，但挂靠出租车经营单位缴纳管理费的，或出租车经营单位将出租车“所有权转移给驾驶员”的，驾驶员收入按“经营所得”缴纳个税。

3. 应纳税额计算

(1) 计税方法：按“年”计征。

(2) 税率：五级超额累进税率。

(3) 应纳税所得额。以每一纳税年度的收入总额，减除成本、费用以及损失后的余额，为应纳税所得额。

(4) 应纳税额。个体工商户生产、经营所得实行按年计征，应纳税额的计算公式为：

应纳税额＝应纳税所得额×适用税率－速算扣除数
＝(全年收入总额－成本、费用以及损失)×适用税率－速算扣除数

对企事业单位的承包经营、承租经营所得实行按年计征，应纳税额的计算公式为：

应纳税额＝应纳税所得额×适用税率－速算扣除数
＝(纳税年度收入总额－必要费用)×适用税率－速算扣除数

(五) 财产租赁所得

个人“出租”不动产、土地使用权、机器设备、车船以及其他财产而取得的所得。

(1) 计税方法：按次计征，以“1个月”内取得的收入为一次。

(2) 税率：20%。

【注意】 个人出租“住房”取得的所得暂减按“10%”的税率征收个人所得税。

(3) 应纳税额：

a. 每次(月)收入不足4 000元的：

应纳税额＝[每次(月)收入额－财产租赁过程中缴纳的税费－修缮费用(800元为限)－800]×20%

b. 每次(月)收入4 000元以上的：

应纳税额＝[每次(月)收入额－财产租赁过程中缴纳的税费－修缮费用(800元为限)]×(1－20%)×20%

【注意】 计算时还须扣除的项目(包括：出租房屋时缴纳的城市维护建设税、教育费附加以及房产税、印花税等相关税费；不包括：增值税)，若房屋租赁期间发生“修缮费用”同样准予在税前扣除但以“每月800元”为限，多出部分在“以后月份”扣除。

(六) 财产转让所得

1. 基本规定

财产转让所得是指个人“转让”有价证券、股权、合伙企业中的财产份额、不动产、土地使用权、机器设备、车船以及其他财产取得的所得。

【注意】 属于财产转让所得税目的包括转让“有形资产”+“土地使用权”+“股权”+“债权”。

【例题 10·多项选择题】 下列各项中，应按“财产转让所得”税目计征个人所得税的有(　　)。

A. 转让机器设备所得　　B. 提供著作权的使用权所得

C. 转让股权所得　　D. 提供非专利技术使用权所得

【答案】 AC

2. 应纳税额计算

(1) 计税方法：按“次”计征。

(2) 税率：20%。

(3) 应纳税所得额：

应纳税所得额 = 转让财产收入 − 原值 − 合理费用

(4) 应纳税额：

应纳税额 = 应纳税所得额 × 20%

【注意】 个人转让房屋的个人所得税应税收入不含增值税，其取得房屋时所支付价款中包含的增值税计入财产原值，计算转让所得时可扣除的税费不包括本次转让缴纳的增值税。

【注意】 对个人转让自用“5 年以上”并且是家庭“唯一”“生活用房”取得的所得，继续免征个人所得税。

【例题 11·单项选择题】 赵某以含增值税 126 万元的价格出售普通住宅一套，该住宅系 1 年半前以 40 万元的价格购买，交易过程中支付除增值税以外的其他相关税费等共计 8 万元(发票为证)，则赵某出售住房应缴纳个人所得税税额的下列计算列式中，正确的是(　　)。

A. 0

B. [126÷(1+5%)−40−8]×20%=14.4(万元)

C. [126÷(1+5%)−40]×20%=16(万元)

D. 126÷(1+5%)×20%=24(万元)

【答案】 B

(七) 利息、股息、红利所得

1. 基本规定

个人拥有债权、股权等而取得的利息、股息、红利性质的所得。

2. 特别规定

(1) “储蓄存款利息”所得暂免征收个人所得税。

(2) “国债和国家发行的金融债券”利息免税。

(3) 个人从公开发行和转让市场取得的“上市公司股票”取得的股息：

a. 持股期限≤1 个月：全额；

b. 1 个月<持股期限≤1 年：减按 50%计入应纳税所得额；

c. 持股期限>1 年：免征。

3. 应纳税所得额

应纳税所得额 = 收入全额,不扣除任何费用

4. 应纳税额

应纳税额 = 应纳税所得额 × 20%

(八) 偶然所得

1. 基本规定

个人得奖、中奖、中彩以及其他偶然性质的所得。

2. 特别规定

(1) 彩票,一次中奖收入"在 1 万元以下"的暂免征收个人所得税;超过 1 万元的,全额征收个人所得税。

(2) 个人取得单张有奖发票奖金所得"不超过 800 元"的,暂免征收个人所得税;超过 800 元的,全额征收个人所得税。

(3) 见义勇为所得。个人举报、协查各种违法、犯罪行为而获得的奖金,不征收个人所得税。

3. 应纳税额计算

(1) 计税方法:按"次"计征。

(2) 税率:20%。

(3) 应纳税所得额。以"每次收入额"为应纳税所得额,不扣减任何费用。

(4) 应纳税额:

应纳税额 = 应纳税所得额 × 20%

【例题 12 · 单项选题题】 2×20 年 1 月周某在商场举办的有奖销售活动中获得奖金 4 000元,周某领奖时支付交通费 30 元、餐费 70 元。已知偶然所得个人所得税税率为 20%,计算周某中奖奖金的所得税税额的下列算式中,正确的是(　　)。

A. (4 000－70)×20%＝786(元)

B. (4 000－30－70)×20%＝780(元)

C. (4 000－30)×20%＝794(元)

D. 4 000×20%＝800(元)

【答案】 D

(八) 关于捐赠的扣除规定

1. 公益性捐赠

(1) 限额扣除。个人将其所得对"教育、扶贫、济困"等公益慈善事业进行捐赠,捐赠额未超过纳税人申报的"应纳税所得额"30%的部分,可以从其"应纳税所得额"中扣除。

【注意】 一般的"公益性捐赠"限额扣除,跟"应纳税所得额"比,从"应纳税所得额"扣。

(2) 全额扣除:①捐给"红十字事业";②捐给"农村义务教育";③捐给"公益性青少年活动场所";④捐给"福利性、非营利性老年服务机构";⑤捐给"非关联科研机构和高校用于研发"(不含偶然、其他所得);⑥"通过特定基金会,用于公益救济"的捐赠。

2. 非公益性捐赠

个人的直接捐赠，不得在计算应纳税额时扣除。

【例题 13 · 单项选择题】　2×20 年 5 月，李某花费 500 元购买体育彩票，一次中奖 30 000 元，将其中 1 000 元直接捐赠给甲小学，已知偶然所得个人所得税税率为 20%，李某彩票中奖收入应缴纳个人所得税税额的下列计算中，正确的是（　　）。

A. (30 000－500)×20%＝5 900(元)

B. 30 000×20%＝6 000(元)

C. (30 000－1 000)×20%＝5 800(元)

D. (30 000－1 000－500)×20%＝5 700(元)

【答案】　B

【例题 14 · 单项选择题】　2×20 年 8 月，李某(非居民纳税人)出版小说一本取得稿酬 80 000 元，从中拿出 20 000 元通过国家机关捐赠给贫困地区。已知稿酬所得每次应纳税所得额超过 25 000 元至 35 000 元的，适用税率为 25%，速算扣除数 2 660，超过 35 000 元至 55 000 元的，适用税率为 30%，速算扣除数 4 410。李某稿酬收入应缴纳的个人所得税税额的下列计算列式中，正确的是（　　）。

A. 80 000×(1－20%)×70%×30%－4 410＝9 030(元)

B. 80 000×(1－20%)×70%×(1－30%)×25%－2 660＝5 180(元)

C. (80 000－20 000)×70%×30%－4 410＝8 190(元)

D. [80 000×(1－20%)－20 000]×70%×25%－2 660＝5 040(元)

【答案】　B

五、个人所得税的征收管理

(一) 纳税申报

1. 代扣代缴

(1) 以支付所得的“单位”或“个人”为扣缴义务人。

(2) 扣缴义务人扣缴税款时，纳税人应当向扣缴义务人提供纳税人识别号(2019 年新增)：①纳税人有中国公民身份号码的，以中国公民身份号码为纳税人识别号；②纳税人没有中国公民身份号码的，由税务机关赋予其纳税人识别号。

(3) 税务机关给付 2%的手续费。

【注意】　“经营所得”纳税人的双重身份。

2. 自行申报(2019 年调整)

(1) 取得“综合所得”需要办理汇算清缴：

a. 在“两处或者两处以上”取得综合所得，且综合所得年收入额“减去专项扣除”的余额“超过 6 万元”。

b. 取得劳务报酬所得、稿酬所得、特许权使用费所得中一项或者多项所得，且综合所得年收入额“减去专项扣除”的余额“超过 6 万元”。

【注意】　扣减项目只包括专项扣除(三险一金)，而不包括生计费、专项附加扣除和其他扣除项目。

c. 纳税年度内预缴税额“低于”应纳税额的。

d. 纳税人“申请退税”。

(2) 取得应税所得没有扣缴义务人。

(3) 取得应税所得,扣缴义务人未扣缴税款。

(4) 取得境外所得。

(5) 因移居境外注销中国户籍。

(6)“非居民个人”在中国境内从“两处以上”取得“工资、薪金”所得。

(二) 纳税期限(2019 年调整)

1. 综合所得

(1) 居民个人取得综合所得,按年计算个人所得税;有扣缴义务人的,由扣缴义务人按月或者按次预扣预缴税款;需要办理汇算清缴的,应当在取得所得的次年“3 月 1 日至 6 月 30 日”内办理汇算清缴。

(2) 非居民个人取得工资、薪金所得,劳务报酬所得,稿酬所得和特许权使用费所得,有扣缴义务人的,由扣缴义务人“按月或者按次”代扣代缴税款,不办理汇算清缴。

2. 经营所得

纳税人取得经营所得,按年计算个人所得税,由纳税人在月度或者季度终了后“15 日内”向税务机关报送纳税申报表,并预缴税款;在取得所得的次年“3 月 31 日”前办理汇算清缴。

3. 利息、股息、红利所得,财产租赁所得,财产转让所得和偶然所得

纳税人取得上述所得,按月或者按次计算个人所得税,有扣缴义务人的,由扣缴义务人按月或者按次代扣代缴税款。

4. 纳税人取得应税所得没有扣缴义务人

应当在取得所得的次月 15 日内向税务机关报送纳税申报表,并缴纳税款。

5. 扣缴义务人未扣缴税款

(1) 纳税人应当在取得所得的次年 6 月 30 日前,缴纳税款。

(2) 税务机关通知限期缴纳的,纳税人应当按照期限缴纳税款。

6. 居民个人从中国境外取得所得

应当在取得所得的次年 3 月 1 日至 6 月 30 日内申报纳税。

7. 非居民个人在中国境内从两处以上取得工资、薪金所得

应当在取得所得的次月 15 日内申报纳税。

8. 纳税人因移居境外注销中国户籍

应当在注销中国户籍前办理税款清算。

9. 扣缴义务人每月或者每次预扣、代扣税款的缴库

应当在次月 15 日内缴入国库,并向税务机关报送扣缴个人所得税申报表。

【注意】 纳税期限的最后一日是法定休假日的,以休假日的次日为期限的最后一日。

思考与练习

一、单项选择题

1. 大学教授张某取得的下列收入中,应按“稿酬所得”税目计缴个人所得税的是(　　)。

A. 作品参展收入　　　　　　　　　　B. 出版书画作品收入
C. 学术报告收入　　　　　　　　　　D. 审稿收入

2. 根据个人所得税法律制度的规定，下列各项中，应按照“劳务报酬所得”税目计缴个人所得税的是(　　)。

A. 个人因与用人单位解除劳动关系而取得的一次性补偿收入
B. 退休人员从原任职单位取得的补贴
C. 兼职律师从律师事务所取得的工资性质的所得
D. 证券经纪人从证券公司取得的佣金收入

3. 下列收入中，按照“特许权使用费所得”税目缴纳个人所得税的是(　　)。

A. 提供房屋使用权取得的所得
B. 提供运输工具使用权取得的所得
C. 提供生产设备使用权取得的所得
D. 提供商标权使用权取得的所得

4. 根据个人所得税法律制度的规定，关于综合所得的下列表述中，不正确的是(　　)。

A. 纳税人赡养 2 个及以上老人的，不按老人人数加倍扣除
B. 子女接受学前教育和学历教育的相关支出按每个子女每月 1 000 元标准定额扣除
C. 大病医疗专项附加扣除由纳税人办理汇算清缴时扣除
D. 本人或配偶使用商业银行或住房公积金个人住房贷款为本人或其配偶购买住房，发生的住房贷款利息支出，在偿还贷款期间，可以按照每人每月 1 000 元标准定额扣除

5. 2×20 年 7 月，王某出租住房取得不含增值税租金收入 3 000 元，房屋租赁过程中缴纳的可以税前扣除的相关税费 120 元，支付出租房屋维修费 1 000 元，已知个人出租住房取得的所得按 10%的税率征收个人所得税，每次收入不足 4 000 元的减除费用 800 元。王某当月出租住房应缴纳个人所得税税额的下列算式中，正确的是(　　)。

A. (3 000－120－800－800)×10%＝128(元)
B. (3 000－120－800)×10%＝208(元)
C. (3 000－120－1 000)×10%＝188(元)
D. (3 000－120－1 000－800)×10%＝108(元)

6. 2×20 年 1 月周某在商场举办的有奖销售活动中获得奖金 4 000 元，周某领奖时支付交通费 30 元、餐费 70 元。已知偶然所得个人所得税税率为 20%，计算周某中奖奖金的所得税税额的下列算式中，正确的是(　　)。

A. (4 000－70)×20%＝786(元)
B. (4 000－30－70)×20%＝780(元)
C. (4 000－30)×20%＝794(元)
D. 4 000×20%＝800(元)

7. 根据个人所得税法律的规定，下列各项中，暂减按 10%税率征收个人所得税的是(　　)。

A. 周某出租机动车取得的所得
B. 夏某出租住房取得的所得
C. 林某出租商铺取得的所得

D. 刘某出租电子设备取得的所得

8. 下列各项中，在计算个人所得税应纳税所得额时，不得扣除费用的是(　　)。

A. 财产租赁所得　　B. 财产转让所得

C. 偶然所得　　D. 劳务报酬所得

9. 2×20 年 9 月退休职工张某取得的下列收入中，免征个人所得税的是(　　)。

A. 退休工资 4 000 元

B. 出租店铺取得租金 6 000 元

C. 发表一篇论文取得稿酬 1 000 元

D. 提供技术咨询取得的一次性报酬 2 000 元

10. 根据个人所得税法律制度的规定，下列情形中，应缴纳个人所得税的是(　　)。

A. 王某将房屋无偿赠与其子

B. 杨某将房屋无偿赠与其外孙女

C. 张某转让自用达 5 年以上且唯一家庭生活用房

D. 赵某转让无偿受赠的商铺

二、多项选择题

1. 根据个人所得税法律制度，下列应按“工资、薪金所得”项目，征税的有(　　)。

A. 单位全勤奖

B. 参加商场活动中奖

C. 兼职律师从律师事务所取得工资、薪金性质的所得

D. 退休人员再任职取得的收入

2. 根据个人所得税法律制度的规定，下列属于专项附加扣除的是(　　)。

A. 赡养老人　　B. 基本医疗保险

C. 基本养老保险　　D. 大病医疗

3. 根据个人所得税法律制度的规定，个人取得的下列收入中，应按照“劳务报酬所得”税目计缴个人所得税的有(　　)。

A. 某经济学家从非雇佣企业取得的讲学收入

B. 某职员取得的本单位优秀员工奖金

C. 某工程师从非雇佣企业取得的咨询收入

D. 某高校教师从任职学校领取的工资

4. 根据个人所得税法律制度的规定，下列关于专项附加扣除说法正确的是(　　)。

A. 个人接受同一学历教育事项，符合本办法规定扣除条件的，该项教育支出可以由其父母按照子女教育支出扣除，也可以由本人按照继续教育支出扣除，但不得同时扣除

B. 纳税人本人及配偶在纳税人的主要工作城市没有住房，而在主要工作城市租赁住房发生的租金支出，根据承租的住房的位置确定定额扣除标准

C. 采取指定分摊或约定分摊方式的，每一纳税人分摊的扣除额最高不得超过每月 1 000 元，并签订书面分摊协议或口头协议

D. 受教育子女的教育费父母分别按扣除标准的 50%扣除，经父母约定，也可以选择由

其中一方按扣除标准的100%扣除。具体扣除方式在3个纳税年度内不得变更

5. 下列各项捐赠中，在计算个人所得税应纳税所得额时，不得扣除的有（　　）。

A. 通过非营利性社会团体向公益性青少年活动中心捐赠

B. 直接向困难企业捐赠

C. 通过国家机关向红十字事业捐赠

D. 直接向贫困地区捐赠

三、判断题

1. 职工的误餐补助属于工资薪金性质的补贴收入，应计算个人所得税。（　　）

2. 离退休人员再任职取得的收入，免征个人所得税。（　　）

3. 作者去世后其财产继承人的遗作稿酬免征个人所得税。（　　）

4. 劳务报酬所得、稿酬所得、特许权使用费所得以收入减除20%的费用后的余额为收入额，稿酬所得的收入额减按70%计算。（　　）

5. 个人取得的住房转租收入，应按"财产转让所得"征收个人所得税。（　　）

四、不定项选择题

【资料1】

张某系中国公民，就职于中国境内甲公司，2×20年10月从境内取得如下收入：

（1）基本工资3800元，岗位津贴300元，交通补贴900元，差旅费津贴400元。

（2）3年期银行存款利息收入800元，在二级市场买卖上市公司股票（非限售股）取得转让所得2 000元。

（3）为乙公司授课收入3 000元。

（4）接受丙公司委托进行软件设计，取得设计费2 000元。

（5）稿费收入820元。

（6）将其2×19年1月购置的一套商品房出售给周某，转让收入为600万元（不含增值税）。

要求：根据上述资料，不考虑其他因素，分析回答下列小题。

1. 张某的下列收入中，应计入"工资、薪金所得"计征个人所得税的是（　　）。

A. 基本工资3800元　　B. 岗位津贴300元

C. 交通补贴900元　　D. 差旅费津贴400元

2. 张某的下列收入中，无须缴纳个人所得税的是（　　）。

A. 银行存款利息收入800元　　B. 股票买卖所得2 000元

C. 授课收入3 000元　　D. 稿费收入820元

3. 下列税种中，属于张某出售商品房应缴纳的是（　　）。

A. 契税　　B. 增值税

C. 房产税　　D. 个人所得税

4. 张某受托进行软件设计所取得的收入，在计缴个人所得税时适用的税目是（　　）。

A. 稿酬所得　　B. 特许权使用费所得

C. 劳务报酬所得　　D. 偶然所得

【资料 2】

中国公民王某为境内甲公司技术人员，2×20 年 12 月有关收支情况如下：

(1) 取得基本工资 20 000 元，全勤奖 200 元，季度效益奖 3 600 元，加班补贴 500 元。

(2) 取得境内 A 上市公司非限售股股息 6 000 元，该股票于当月转让，持有期限为 5 个月。

(3) 取得企业债券利息 3 000 元；取得机动车保险赔偿款 40 000 元；参加有奖竞赛活动取得奖金 2 000 元；电台抽奖获得价值 5 000 元免费旅游一次。

(4) 出租住房，取得租金收入 3 000 元，发生相关税费 168 元，修缮费 2 000 元。

要求：根据上述资料，不考虑其他因素，分析回答下列小题。

5. 王某当月取得下列所得中应按照工资薪金所得计缴个人所得税的是(　　)。

A. 全勤奖 200　　B. 基本工资 6 000

C. 加班补贴 500　　D. 季度效益奖 3 600

6. 王某当月非限售股息所得应缴纳个人所得税(　　)。

A. 6 000×50%×(1−20%)×20%=480(元)

B. 6 000×(1−20%)×20%=960(元)

C. 6 000×20%=1 200(元)

D. 6 000×50%×20%=600(元)

7. 王某的下列所得中，应交个人所得税的是(　　)。

A. 取得机动车保险赔款 40 000 元

B. 取得企业债券利息 3 000 元

C. 电台抽奖获得价值 5 000 元免费旅游一次

D. 参加有奖竞赛活动取得奖金 2 000 元

8. 出租住房的个人所得税为(　　)元。

A. 3 000×10%=300(元)

B. (3 000−168−800)×10%=203.2(元)

C. (3 000−168−800−800)×10%=123.2(元)

D. (3 000−168−800−2 000)×10%=3.2(元)

第十章　税收征收管理法

本章基本内容框架

- 税收征收管理法概述
  - 立法目的
  - 适用范围
  - 税收法律关系
- 税务管理
  - 概念
  - 登记管理
  - 账簿和凭证管理
  - 发票管理
  - 纳税申报
- 税款征收
  - 税款征收的方式
  - 应纳税额的核定与调整
  - 税款征收措施
- 税务检查
  - 税务机关在税务检查中的职权和职责
  - 被检查人的义务
- 税务行政复议
  - 税务行政复议概述
  - 税务行政复议范围
  - 税务行政复议管辖
  - 税务行政复议申请与受理
  - 税务行政复议审查与决定
- 税收法律责任
  - 税收法律责任概述
  - 征纳双方违反税收法律制度的法律责任

重点、难点讲解及典型例题

一、税收征收管理法概述

（一）税收管理法的适用范围

《税收征收管理法》第一条规定："为了加强税收征收管理，规范税收征收和缴纳行为，保障国家税收收入，保护纳税人的合法权益，促进经济和社会发展，制定本法。"

凡依法由税务机关征收的各种税收的征收管理，均适用《税收征收管理法》。

由海关负责征收的关税以及海关代征的进口环节的增值税、消费税，依照法律、行政法规的有关规定执行。

我国同外国缔结的有关税收的条约、协定同《税收征收管理法》有不同规定的，依照条约、协定的规定办理。

【例题1·判断题】 我国同外国缔结的有关税收的条约、协定同《中华人民共和国税收征收管理法》有不同规定的，依照后者规定办理。（　　）

【答案】 错

（二）税收法律关系

1. 税收法律关系主体与客体：

（1）税收法律关系主体分为征税主体和纳税主体。

（2）征税主体，即税务主管机关，包括各级税务机关、海关等。

（3）纳税主体：①纳税人，包括法人、自然人和其他组织；②扣缴义务人；③纳税担保人。

（4）税收法律关系的客体，是指税收法律关系主体的权利和义务所共同指向的对象。

2. 税收法律关系的内容——征纳双方的权利和义务

（1）征税主体的权利——税务行政管理权。

（2）征税主体的义务——征税机关和税务人员的职责。

（3）纳税主体的权利。

（4）纳税主体的义务。

【例题2·多项选择题】 根据税收征收管理法律制度的规定，下列各项中，属于税收法律关系主体的有（　　）。

A. 税务机关　　　　B. 纳税人

C. 海关　　　　D. 扣缴义务人

【答案】 ABCD

【解析】 税收法律关系主体分为征税主体（各级税务机关、海关等）和纳税主体（纳税人、扣缴义务人和纳税担保人）。

【例题3·单项选择题】 根据税收征收管理法律制度的规定，下列各项中，不属于纳税主体权利的是（　　）。

A. 税收立法权　　　　B. 要求保密权

C. 纳税申报方式选择权　　　　D. 知情权

【答案】 A

【解析】 选项A属于征税主体的权利。

二、税务管理

（一）税务登记管理

1. 从事生产经营的纳税人

企业，企业在外地设立分支机构和从事生产、经营的场所，个体工商户和从事生产、经营的事业单位，应当办理税务登记。

2. 非从事生产经营但依法负有纳税义务的单位和个人

（1）国家机关，个人和无固定生产经营场所的流动性农村小商贩，不办理税务登记；

（2）其他非从事生产经营但依法负有纳税义务的单位和个人，应当办理税务登记。

3. 扣缴义务人

依法负有扣缴税款义务的扣缴义务人(国家机关除外),应当办理扣缴税款登记。

4. "五证合一"

(1) 自2015年10月1日起,实施"三证(工商营业执照、组织机构代码证,税务登记证)合一,一照一码";自2016年10月1日起,进一步整合社会保险登记证和统计登记证,实现"五证合一、一照一码"。

(2) 自2015年10月1日起,新设立企业和农民专业合作社领取由工商行政管理部门核发加载法人和其他组织统一社会信用代码的营业执照后,无需再次进行税务登记不再领取税务登记证。

(3) 涉税基础信息的补充采集:

a. 对于工商登记已采集的信息,税务机关不再重复采集;其他必要涉税的基础信息可在新设立企业和农民专业合作社办理有关涉税事宜时,及时采集,陆续补齐。

b. 企业办理涉税事宜时,在完成补充信息采集后,凭加载统一代码的营业执照可代替税务登记证使用。

c. 已实行"三证合一"的,工商登记采集信息外的其他涉税基础信息发生变化的由新设立企业和农民专业合作社直接向税务机关申报变更。

d. 已实行"三证合一,一照一码"登记模式的新设立企业和农民专业合作社办理注销登记,需先向税务主管机关申报清税;清税完毕后,由受理税务机关向纳税人统出具《清税证明》,并将信息共享到交换平台。

【解释】陆续实行的"三证合一""五证合一"登记制度并非将税务登记制度取消,税务登记的法律地位仍然存在,只是政府简政放权将此环节改为由工商行政管理部门一口受理,核发一个加载法人和其他统一社会信用代码的营业执照,这个营业执照在税务机关完成信息补录后具备税务登记证的法律地位和作用。因此,各个领域税法规定仍然继续提及"税务登记证",在纳税人领取了加载法人和其他组织统一社会信用代码的营业执照后,实质上指的就是该营业执照(税务登记证附着在该营业执照上)。

【例题4·判断题】 企业在外地设立从事生产、经营的场所不需要办理税务登记。

【答案】 错

【解析】 企业在外地设立的分支机构和从事生产,经营的场所,应当办理税务登记。

(二) 账簿和凭证管理

(1) 账簿,包括总账、明细账、日记账以及其他辅助性账簿。

(2) 从事生产、经营的纳税人应当自领取营业执照或者发生纳税义务之日起15日内,按照国家有关规定设置账簿。

(3) 扣缴义务人应当自税收法律、行政法规规定的扣缴义务发生之日起10日内按照所代扣、代收的税种,"分别"设置代扣代缴、代收代缴税款账簿。

(4) 纳税人使用计算机记账的,应当在使用前将会计电算化系统的会计核算软件用说明书及有关资料报送主管税务机关。

(5) 账簿、记账凭证、报表、完税凭证发票,出口凭证以及其他有关涉税资料应当保存10年;但是法律、行政法规另有规定的除外。

【例题5·单项选择题】 扣缴义务人应当在法定扣缴义务发生之日起(　　)日内，按所代扣、代收的税种，分别设置代扣代缴、代收代缴税款账簿。

A. 15　　B. 10　　C. 30　　D. 60

【答案】 B

【解析】 扣缴义务人应当自税收法律、行政法规规定的扣缴义务发生之日起10日内，按照所代扣、代收的税种，分别设置代扣代缴、代收代缴税款账簿。

(三) 发票管理

1. 发票的种类

(1) 普通发票。

(2) 增值税专用发票。

(3) 专业发票。

专业发票是指由国有金融、邮电、铁路民用航空、公路和水上运输等单位开具的专业性很强的发票，包括但不限：①国有金融、保险企业的存贷、汇兑转账凭证、保险凭证；②国有邮政、电信企业的邮票、邮单话务、电报收据；③国有铁路、民用航空企业和交通部门国有公路、水上运输企业的客票、货票。

2. 发票的联次和内容

(1) 发票的基本联次包括存根联、发票联和记账联。

(2) 各基本联次的用途：①存根联由收款方或开票方留存备查；②发票联由付款方或受票方作为付款原始凭证；③记账联由收款方或开票方作为记账原始凭证。

(3) 省以上税务机关可根据发票管理情况以及纳税人经营业务需要，增减除发票联以外的其他联次，并确定其用途。

3. 发票的印制

(1) 增值税专用发票由国家税务总局确定的企业印制。

(2) 其他发票，按照国家税务总局的规定，由省，自治区、直辖市税务机关确定的企业印制。

4. 发票的领购

(1) 需要领购发票的单位和个人，应当持下列材料向主管税务机关办理发票领购手续：①税务登记证件(加载统一社会信用代码的营业执照)；②经办人身份证明；③按照国家税务总局规定式样制作的财务印章或发票专用章的印模。

(2) 主管税务机关根据领购单位和个人的经营范围和规模，确认领购发票的种类数量以及领购方式，在5个工作日内发给发票领购簿。

(3) 需要临时使用发票的单位和个人可以凭购销商品、提供或者接受服务以及从事其他经营活动的书面证明、经办人身份证明，直接向经营地税务机关申请代开发票；依照税收法律、行政法规规定应当缴纳税款的，税务机关应当先征收税款，再开具发票。

(4) 税务机关对外省、自治区、直辖市来本辖区从事临时经营活动的单位和个人领购发票的，可以要求其提供保证人或者根据所领购发票的票面限额及数量缴纳“不超过1万元”的保证金，并限期缴销发票。

5. 发票的开具

(1) 由付款方向收款方开具发票的特殊情形。销售商品、提供服务以及从事其他经营活动的单位和个人，对外发生经营业务收取款项，收款方应当向付款方开具发票；但下列情况下，由付款方向收款方开具发票：①收购单位和扣缴义务人支付个人款项时；②国家税务总局认为其他需要由付款方向收款方开具发票的。

（2）禁止虚开发票，虚开发票的行为包括：①为他人、为自己开具与实际经营业务情况不符的发票；②让他人为自己开具与实际经营业务情况不符的发票；③介绍他人开具与实际经营业务情况不符的发票。

6. 税控装置

（1）安装税控装置的单位和个人，应当按照规定使用税控装置开具发票，并按期向主管税务机关报送开具发票的数据。

（2）使用非税控电子器具开具发票的应当将非税控电子器具使用的软件程序说明资料报主管税务机关"备案"，并按照规定保存、报送开具发票的数据。

7. 禁止行为

任何单位和个人应当按照发票管理规定使用发票，不得有下列行为：

（1）转借、转让，介绍他人转让发票、发票监制章和发票防伪专用品。

（2）知道或者应当知道是私自印制、伪造、变造、非法取得或者废止的发票而受让开具、存放、携带、邮寄、运输。

（3）拆本使用发票。

（4）扩大发票使用范围。

（5）以其他凭证代替发票使用。

（6）除国家税务总局规定的特殊情形外，任何单位和个人不得跨规定的使用区域携带、邮寄、运输空白发票。

（7）禁止携带、邮寄或者运输空白发票出入境。

8. 已开具的发票存根联和发票登记簿的保存

已开具的发票存根联和发票登记簿，应当保存5年；保存期满，报经税务机关查验后销毁。

9. 税务机关在发票管理中的权力

（1）检查印制、领购、开具、取得、保管和缴销发票的情况。

（2）调出发票查验查阅、复制与发票有关的凭证、资料。

（3）查阅、复制与发票有关的凭证、资料。

（4）向当事各方询问与发票有关的问题。

（5）在查处发票案件时，对与案件有关的情况和资料，可以记录、录音、录像、照相和复制。

10. 调出发票查验的具体规定

（1）调出已开具的发票查验：①税务机关需要将已开具的发票调出查验时，应当向被查验的单位和个人开具发票换票证；②发票换票证与所调出查验的发票有同等的效力，被调出查验发票的单位和个人不得拒绝接受。

（2）调出空白发票查验：税务机关需要将空白发票调出查验，应当开具收据，经查无问题的，应当及时返还。

11. 核对卡

税务机关在发票检查中需要核对发票存根联与发票联填写情况时，可以向持有发票或者发票存根联的单位发出“发票填写情况核对卡”，有关单位应当如实填写，按期报回。

【例题6·多项选择题】 根据税收征收管理法律制度的规定，下列各项中，属于专业发票的有（　　）。

A. 国有银行汇兑凭证

B. 某省地方税务局通用机打发票

C. 国有铁路客票

D. 某省国家税务局通用机打发票

【答案】 AC

【解析】 选项BD：属于普通发票。

【例题7·单项选择题】 根据税收征收管理法律制度的规定，关于发票开具和保管的下列表述中，正确的是（　　）。

A. 销售货物开具发票时付款方要求变更品名和金额

B. 经单位财务负责人批准后，可拆本使用发票

C. 已经开具的发票存根联保存期满后，开具发票的单位可直接销毁

D. 收购单位向个人支付收购款项时，由付款方向收款方开具发票

【答案】 D

【解析】 选项A：属于虚开发票行为；选项B：禁止拆本使用发票；选项C：保存期满，应报经税务机关查验后销毁。

【例题8·单项选择题】 税务机关对外省、自治区、直辖市来本辖区从事临时经营活动的单位和个人领购发票的，可以要求其提供保证人或者根据所领购发票的票面限额及数量缴纳不超过（　　）元的保证金，并限期缴销发票。

A. 3 000　　B. 5 000

C. 10 000　　D. 7 000

【答案】 C

【解析】 税务机关对外省、自治区、直辖市来本辖区从事临时经营活动的单位和个人领购发票的，可以要求其提供保证人或者根据所领购发票的票面限额及数量缴纳不超过1万元的保证金，并限期缴销发票。

【例题9·单项选择题】 需要领购发票的单位和个人，税务机关工作人员在一定期限内发给领购人发票领购簿，该期限是（　　）个工作日。

A. 3　　B. 5　　C. 7　　D. 30

【答案】 B

【解析】 主管税务机关根据领购单位和个人的经营范围和规模，确认领购发票的种类、数量以及领购方式，在5个工作日内发给发票领购簿。

（四）纳税申报

（1）纳税申报的方式：

a. 自行申报。

b. 邮寄申报。邮寄申报以“寄出的邮戳日期”为实际申报日期。

c. 数据电文申报。采取数据电文方式办理纳税申报的，其申报日期以税务机关计算机

网络系统收到该数据电文的时间为准。

d. 其他方式申报(如简易申报、简并征期)。

(2) 纳税人在纳税期内没有应纳税款的也应当按照规定办理纳税申报。

(3) 纳税人享受减税、免税待遇的,在减税、免税期间应当按照规定办理纳税申报。

(4) 延期办理纳税申报:

a. 因自身原因需要延期:事前申请。

纳税人、扣缴义务人按照规定的期限办理纳税申报或者报送代扣代缴、代收代缴税款报告表确有困难,需要延期的,应当在规定的期限内向税务机关提出书面延期申请,经税务机关核准,在核准的期限内办理。

b. 因不可抗力需要延期:事后报告。

纳税人、扣缴义务人因不可抗力,不能按期办理纳税申报或者报送代扣代缴,代收代缴税款报告表的,可以延期办理;但是,应当在不可抗力情形消除后立即向税务机关报告。

c. 经核准延期办理纳税申报。报送事项的,应当在纳税期内按照上期实际缴纳的税额或者税务机关核定的税额预缴税款,并在核准的延期内办理税款结算。

【例题 10 · 单项选择题】 根据税收征收管理法律制度的规定,下列关于纳税申报方式的表述中,不正确的是(　　)。

A. 邮寄申报以税务机关收到的日期为实际申报日期

B. 数据电文方式的申报日期以税务机关计算机网络系统收到该数据电文的时间为准

C. 实行定期定额缴纳税款的纳税人,可以实行简易申报、简并征期等方式申报纳税

D. 自行申报是指纳税人、扣缴义务人按照规定的期限自行直接到主管税务机关办理纳税申报手续

【答案】 A

【解析】 选项 A:邮寄申报以寄出的邮戳日期为实际申报日期。

三、税款征收

(一) 税款征收的方式

(1) 查账征收。

(2) 查定征收。

(3) 查验征收。

(4) 定期定额征收。

(二) 应纳税额的核定与调整

1. 情形

纳税人有下列情形之一的,税务机关有权核定其应纳税额:

(1) 依照法律、行政法规的规定可以不设置账簿的。

(2) 依照法律、行政法规的规定应当设置但未设置账簿的。

(3) 擅自销毁账簿或者拒不提供纳税资料的。

(4) 虽设置账簿,但账目混乱或者成本资料、收入凭证、费用凭证残缺不全,难以查账。

(5) 发生纳税义务,未按照规定的期限办理纳税申报,经税务机关责令限期申报逾期仍

不申报的。

(6) 纳税人申报的计税依据明显偏低又无正当理由的。

2. 方法

税务机关有权采用下列任何一种方法核定应纳税额；当其中一种方法不足以正确核定应纳税额时，可以同时采用两种以上的方法核定：

(1) 参照当地同类行业或者类似行业中经营规模和收入水平相近的纳税人的税负水平核定。

(2) 按照营业收入或者成本加合理的费用和利润的方法核定。

(3) 按照耗用的原材料、燃料、动力等推算或者测算核定。

(4) 按照其他合理方法核定。

【例题11·多项选择题】 根据税收征收管理法律制度的规定，纳税人存在下列情形，税务机关有权核定其应纳税额的有(　　)。

A. 依照法律、行政法规的规定可以不设置账簿的

B. 依照法律、行政法规的规定应当设置但未设置账簿的

C. 擅自销毁账簿或者拒不提供纳税资料的

D. 纳税人申报的计税依据明显偏低，无正当理由的

【答案】 ABCD

【解析】 除选项ABCD所述情形外，税务机关有权核定其应纳税额的情形还有：①虽设置账簿，但账目混乱或者成本资料、收入凭证、费用凭证残缺不全，难以查账的；②发生纳税义务，未按照规定的期限办理纳税申报，经税务机关责令限期申报逾期仍不申报的。

(三) 税款征收措施

1. 税款征收措施的种类

(1) 责令缴纳。

(2) 责令提供纳税担保。

(3) 采取税收保全措施。

(4) 采取强制执行措施。

(5) 阻止出境。

【例题12·多项选择题】 根据税收征收管理法律制度的规定，税务机关在税款征收中可以根据不同情况采取相应的税款征收措施，下列各项中，属于税款征收措施的有(　　)。

A. 罚款　　B. 责令缴纳

C. 阻止出境　　D. 责令提供纳税担保

【答案】 BCD

【解析】 选项A属于行政处罚。

2. 责令缴纳

(1) 纳税人未按照规定期限缴纳税款的，扣缴义务人未按照规定期限解缴税款的，税务机关可责令限期缴纳，并从滞纳税款之日起，按日加收滞纳金。

滞纳金的加收标准：从滞纳税款之日起，按日加收滞纳税款万分之五的滞纳金。

加收滞纳金的起止时间：自税款法定缴纳期限届满次日起至纳税人、扣缴义务人实际缴

纳或者解缴税款之日止。

【案例】 甲公司2×20年8月份应纳增值税30万元，甲公司迟迟未缴，税务机关责令其缴纳并加收滞纳金，甲公司直到10月15日才缴清上述税款。已知，甲公司的增值税纳税期限为1个月，不考虑其他因素。在本案中：

(1) 增值税纳税期限为1个月的，应于次月1日起15日内申报纳税并结清上月应纳税款；因此，甲公司应缴纳税款的期限是9月15日。

(2) 加收滞纳金的起止时间为9月16日(含)至10月15日(含)，共计15+15=30(天)。

(3) 甲公司应缴纳的税款滞纳金=30×0.5‰×30=0.45(万元)。

【相关链接】 以商业汇票贴现的，实付贴现金额按票面金额扣除贴现日至汇票到期前1日的利息计算；承兑人在异地的纸质商业汇票，贴现的期限以及贴现利息的计算应另加3天的划款日期。例如，9月15日办理贴现，到期日为10月15日，承兑人在本地的，计算贴息的期间应自9月15日(含)起至10月14日(含)止，共计15+14=29(天)。

(2) 对未按照规定办理税务登记的从事生产，经营的纳税人以及临时从事生产经营的纳税人，由税务机关核定其应纳税额，责令缴纳。

(3) 税务机关有根据认为从事生产，经营的纳税人有逃避纳税义务行为的，可以在规定的纳税期之前，责令限期缴纳应纳税款。

(4) 纳税担保人未按照规定的期限缴纳所担保的税款，税务机关可以责令其限期缴纳应纳税款。

3. 责令提供纳税担保

(1) 适用纳税担保的情形：①税务机关有根据认为从事生产，经营的纳税人有逃避纳税义务行为，在规定的纳税期之前经责令其限期缴纳应纳税款，在限期内发现纳税人有明显的转移、隐匿其应纳税的商品、货物，以及其他财产或者应税收入的迹象，责成纳税人提供纳税担保的；②欠缴税款、滞纳金的纳税人或者其法定代表人需要出境的；③纳税人同税务机关在纳税上发生争议而未缴清税款，需要申请行政复议的；④税收法律、行政法规规定可以提供纳税担保的其他情形。

(2) 纳税担保的方式：保证、抵押、质押。

(3) 纳税担保的范围：税款、滞纳金和实现税款、滞纳金的费用。

【例题13·单项选择题】 根据税收征收管理法律制度的规定，下列各项中，不属于纳税担保范围的是(　　)。

A. 罚款　　B. 滞纳金

C. 税款　　D. 实现税款、滞纳金的费用

【答案】 A

【解析】 纳税担保的范围包括税款、滞纳金和实现税款、滞纳金的费用。

4. 阻止出境

欠缴税款的纳税人或者其法定代表人在出境前未按规定结清应纳税款、滞纳金或者提供纳税担保的，税务机关可以通知出境管理机关阻止其出境。

5. 采取税收保全措施

(1) 适用税收保全措施的情形及措施：

a. 税务机关责令具有税法规定情形的纳税人提供纳税担保而纳税人拒绝提供纳税担保或无力提供纳税担保的，经县以上税务局(分局)局长批准，税务机关可以采取税收保全措施。

b. 对未按照规定办理税务登记的从事生产、经营的纳税人，以及临时从事经营的纳税人，由税务机关核定其应纳税额，责令缴纳；不缴纳的，税务机关可以“扣押”其价值相当于应纳税款的商品，货物。

c. 税务机关对从事生产，经营的纳税人以前纳税期的纳税情况依法进行税务检查发现纳税人有逃避纳税义务行为，并有明显的转移、隐匿应纳税的商品，货物以及其他财产或者应纳税的收入的迹象的，可以依法定批准权限采取税收保全措施或者强制执行措施。

(2) 不适合税收保全措施的财产：

a. 个人及其所扶养家属维持生活必需的住房和用品(不包括机动车辆、金饰品、古玩字画、豪华住宅或者一处以外的住房)，不在税收保全措施的范围之内。

b. 税务机关对单价 5 000 元以下的其他生活用品，不采取税收保全措施。

(3) 税务机关采取税收保全措施的期限一般不得超过“6 个月”。

6. 采取强制执行措施

(1) 适用强制执行的情形及措施

从事生产、经营的纳税人、扣缴义务人未按照规定的期限缴纳或者解缴税款，纳税担保人未按照规定的期限缴纳所担保的税款由税务机关责令限期缴纳，逾期仍未缴纳的经县以上税务局(分局)局长批准，税务机关可以采取下列强制执行措施：

a. 书面通知其开户银行或者其他金融机构从其存款中“扣缴”税款。

b. 扣押、查封、依法拍卖或者变卖其价值相当于应纳税款的商品，货物或者其他财产，以“拍卖”或者“变卖”所得抵缴税款。

(2) 强制执行的范围

a. 税务机关采取强制执行措施时，对上述纳税人、扣缴义务人、纳税担保人未缴纳的滞纳金同时强制执行。

b. 个人及其所扶养家属维持生活必需的住房和用品(不包括机动车辆、金银饰品、古玩字画、豪华住宅或者一处以外的住房)，不在强制执行措施的范围之内。

(3) 税务机关对单价 5 000 元以下的其他生活用品，不采取强制执行措施。

【例题 14 · 单项选择题】 根据税收征收管理法律制度的规定，税务机关依法采取强制执行措施时，对个人及其所扶养家属维持生活必需的住房和用品，不在强制执行措施的范围之内。对单价在一定金额以下的其他生活用品，不采取强制执行措施。该金额为(　　)元。

A. 5 000　　B. 10 000　　C. 20 000　　D. 5 000

【答案】 A

【解析】 税务机关对单价 5 000 元以下的其他生活用品，不采取强制执行措施。

【例题 15 · 单项选择题】 根据税收征收管理法律制度的规定，下列个人财产中，不适用税收保全措施的是(　　)。

A. 豪华住宅　　B. 金银饰品

C. 古玩字画　　D. 维持生活必需的住房

【答案】 D

【解析】 个人及其所扶养家属维持生活必需的住房和用品，不在税收保全措施的范围之内；个人及其所扶养家属维持生活必需的住房和用品不包括机动车辆、金银饰品古玩字画、豪华住宅或者一处以外的住房。

四、税务检查

(1) 税务检查措施：

a. 查账权

检查纳税人的账簿、记账凭证、报表和有关资料，检查扣缴义务人代扣代缴、代收代缴税款账簿、记账凭证和有关资料。

b. 场地检查权

到纳税人的“生产、经营场所和货物存放地”(不包括生活场所)检查纳税人应纳税的代扣代缴，代收代缴税款有关的经营情况。

c. 责成提供资料权

责成纳税人、扣缴义务人提供与纳税或者代扣代缴，代收代缴税款有关的文件，证明材料和有关资料。

d. 询问权

讯问纳税人、扣缴义务人与纳税或者代扣代缴，代收代缴税款有关的问题和情况。

e. 交通邮政检查权

到车站、码头、机场、邮政企业及其分支机构检查纳税人托运、邮寄应纳税商品货物或者其他财产的“有关”单据、凭证和有关资料(不包括自带物品)。

f. 存款账户查询权

经“县以上”税务局(分局)局长批准，指定专人负责，凭全国统一格式的检查存款账户许可证明，查询“从事生产、经营”的纳税人、扣缴义务人在银行或者其他金融机构的存款账户。

税务机关在调查税收违法案件时，经“设区的市、自治州以上”税务局(分局)局长批准，可以查询案件涉嫌人员的储蓄存款。

(2) 依法采取税收保全措施或者强制执行措施。

(3) 税务机关调查税务违法案件时，对与案件有关的情况和资料，可以记录、录音、录像、照相和复制。

(4) 税务机关依法进行税务检查时，有权向有关单位和个人调查纳税人、扣缴义务人和其他当事人与纳税或者代扣代缴、代收代缴税款有关的情况。

(5) 税务机关派出的人员进行税务检查时，应当出示税务检查证和税务检查通知书并有责任为被检查人保守秘密；未出示税务检查证和税务检查通知书的，被检查人有权拒绝检查。

五、税收法律责任

(一) 逃避追缴欠税

纳税人欠缴应纳税款，采取转移或者隐匿财产的手段，妨碍税务机关追缴欠缴税款的，由税务机关追缴欠缴的税款、滞纳金并处罚款；构成犯罪的，依法追究刑事责任。

（二）偷税

1. 偷税行为的界定

纳税人采取伪造、变造、隐匿、擅自销毁账簿、记账凭证，或者在账簿上多列支出或者不列、少列收入，或者经税务机关通知申报而拒不申报或者进行虚假的纳税申报的手段，不缴或者少缴应纳税款的行为。

2. 偷税行为的法律责任

（1）对于纳税人的偷税行为，由税务机关追缴其不缴或少缴的税款、滞纳金，并处以罚款；构成犯罪的，依法追究刑事责任。

（2）纳税人、扣缴义务人编造虚假计税依据的，由税务机关责令限期改正，并处罚款。

3. 抗税

（1）抗税是指纳税人、扣缴义务人以暴力、威胁方法拒不缴纳税款的行为。

（2）对抗税行为，除由税务机关追缴其拒缴的税款、滞纳金外，依法追究刑事责任。情节轻微，未构成犯罪的，由税务机关追缴其拒缴的税款、滞纳金，并处以罚款。

4. 骗税

（1）骗税是指纳税人以假报出口或者其他欺骗手段，骗取国家出口退税款的行为。

（2）纳税人有骗税行为，由税务机关追缴其骗取的退税款，并处骗取税款 1 倍以上 5 倍以下的罚款；构成犯罪的，依法追究刑事责任。

【例题 16 · 单项选择题】 根据税收征收管理法律制度的规定，纳税人有骗税行为，由税务机关追缴其骗取的退税款，并处骗取税款一定数的罚款，该倍数为（　　）。

A. 5 倍以上 10 倍以下　　B. 1 倍以上 5 倍以下

C. 10 倍　　D. 10 倍以上 15 倍以下

【答案】 B

【解析】 纳税人有骗税行为，由税务机关追缴其骗取的退税款，并处骗取税款 1 倍以上 5 倍以下的罚款；构成犯罪的，依法追究刑事责任。

思考与练习

一、单项选择题

1. 根据税收征收管理法律制度的规定，从事生产、经营的纳税人应当自领取营业执照或者发生纳税义务之日起一定期限内，按照国家有关规定设置账簿，该期限是（　　）日。

A. 10　　B. 15　　C. 7　　D. 30

2. 根据税收征收管理法律制度的规定，纳税人已开具的发票存根联和发票登记簿的保存期限是（　　）年。

A. 3　　B. 5　　C. 10　　D. 15

3. 根据税收征收管理法律制度的规定，纳税人财务制度不健全，生产经营不固定，零星分散、流动性大，适合采用的征收方式是（　　）。

A. 查账征收　　B. 查定征收

C. 查验征收　　D. 定期定额征收

4. 根据税收征收管理法律制度的规定，下列各项中，不属于征税主体权利的是（　　）。

A. 税务管理　　B. 税务检查

C. 税款征收　　D. 宣传税收法律、行政法规

5. 税务机关采取税收保全措施的期限一般最长不得超过（　　）。

A. 3 个月　　B. 6 个月　　C. 1 年　　D. 3 年

6. 下列关于发票的表述中，不正确的是（　　）。

A. 不得转借发票　　B. 不得转让发票

C. 不得代开发票　　D. 可以自行决定拆本使用发票

7. 一般情况下，上市公司适用的税款征收方式是（　　）。

A. 查账征收　　B. 查验征收

C. 查定征收　　D. 定期定额征收

8. 在税款征收方式中，查账征收方式一般适用于（　　）。

A. 经营品种比较单一，经营地点，时间和商品来源不固定的纳税单位

B. 账册不够健全，但能够控制原材料或进销存的纳税单位

C. 财务会计制度较为健全，能够认真履行纳税义务的纳税单位

D. 无完整考核依据的小型纳税单位

9. 某酒店 2×07 年 12 月份取得餐饮收入 5 万元，客房出租收入 10 万元，该酒店未在规定期限内进行纳税申报经税务机关责令限期申报，逾期仍不申报。根据税收征收管理法律制度的规定，税务机关有权对该酒店采取的税款征收措施是（　　）。

A. 采取税收保全措施　　B. 责令提供纳税担保

C. 税务人员到酒店直接征收税款　　D. 核定其应纳税额

10. 在普通发票的开具、使用、取得的过程中，下列说法中，错误的是（　　）。

A. 发票要全联一次填写

B. A 省的小规模纳税人将其在所属税务机关领用的普通发票借给 B 省纳税人在 B 省使用

C. 开具发票要加盖财务印章或发票专用章

D. 开具发票后，如发生销售折让，在收回原发票并注明“作废”后，重新开具发票

二、多项选择题

1. 根据税收征收管理法规定下列行为中，属于未按照规定使用发票的有（　　）。

A. 扩大发票使用范围　　B. 拆本使用发票

C. 以其他凭证代替发票使用　　D. 转借发票

2. 下列属于普通发票的有（　　）。

A. 增值税专用发票　　B. 商业零售统一发票

C. 商品房销售发票　　D. 邮票

3. 关于税务机关对发票的检查权有（　　）。

A. 向当事各方询问与发票有关的问题与情况

B. 调出发票查验

C. 检查印制、领购、开具、取得、保管和缴销发票的情况

D. 查阅、复制与发票有关的凭证、资料

4. 根据税收征收管理法律制度的规定，下列各项中，属于征纳主体权利的有(　　)。

A. 申请退还多缴纳税款
B. 陈述权、申辩权
C. 要求保密权
D. 知情权

5. 根据税收征收管理法律制度的规定，下列各项中，属于税务机关纳税检查职权的有(　　)。

A. 检查扣缴义务人代扣代缴、代收代缴税款账簿、记账凭证和有关资料

B. 检查纳税人托运、邮寄应税商品、货物或者其他财产的有关单据

C. 检查纳税人存放在生产、经营场所的应纳税的货物

D. 检查纳税人的账簿、记账凭证、报表和有关资料

6. 根据税收征收管理法制度的规定，下列各项中，适用纳税担保的情形的有(　　)。

A. 纳税人同税务机关在纳税上发生争议未缴纳税款，需要申请行政复议的

B. 欠缴税款、滞纳金的纳税人或者其法定代表人需要出境的

C. 纳税人在税务机关责令缴纳应纳税款期内，有明显转移、隐匿其应纳税商品物及应纳税收入迹象的

D. 从事生产、经管的纳税人未按规定期缴纳款，税务机关责令限期缴纳，逾期缴纳

7. 根据税收征收管理法律制度的规定，下列各项中，属于税收保全措施的有(　　)。

A. 要求纳税人以抵押的方式为其应当缴纳的税款及滞纳金提供担保

B. 书面通知纳税人开户银行或者其他金融机构冻结纳税人的金额相当于应纳税款的存款

C. 扣押、查封纳税人的价值相当于应纳税款的商品、货物或其他财产

D. 依法拍卖纳税人的相当于应纳税款的商品，以拍卖所得抵缴税款

8. 根据税收征收管理法律制度的规定，下到各项中，属于税务机关派出人员在税务检查中应履行的职责有(　　)。

A. 出示税务检查通知书
B. 出示税务机关组织机构代码证
C. 为被检查人保守私密
D. 出示税务检查证

9. 下列属于税法规定的偷税手段的有(　　)。

A. 伪造变造账簿、记账凭证
B. 以暴力拒不缴纳税款
C. 隐匿、擅自销毁账簿和记账凭证
D. 转移或者隐匿财产

10. 根据税收征收管理法律制度的规定，纳税担保范围包括(　　)。

A. 税款
B. 罚款
C. 滞纳金
D. 实现税款的费用

三、判断题

1. 凡是法律、法规规定的应税收入、应税财产的各类纳税人，均应当办理税务登记。(　　)

2. 甲企业按照国家规定享受3年内免缴企业所得税的税收优惠，甲企业在这3年内不

需办理企业所得税的纳税申报。（　　）

3．增值税一般纳税人在不能开具专用发票的情况下也可使用普通发票。（　　）

4．增值税专用发票只限于增值税一般纳税人领购使用，增值税小规模纳税人不得领购。（　　）

5．当月没有收入的单位在规定的纳税期限内也必须进行纳税申报。（　　）

6．经核准延期办理纳税申报、报送事项的，应当在纳税期内按照上期实际缴纳的税额或者税务机关核定的税额预缴税款，并在核准的延期内办理税款结算。（　　）

7．纳税人在纳税期内没有应纳税款的，不需办理纳税申报。（　　）

8．税务机关有权对个人及其所扶养家属维持生活必需的住房和用品来采取强制执行措施。（　　）

9．税收法律责任分为行政责任和刑事责任两种。（　　）

10．纳税人编造虚假计税依据的，应由税务机关责令限期改正，并处以罚款。（　　）

第二部分　思考与练习参考答案

第一章　税法总论

一、单项选择题

1	2	3	4	5	6	7	8	9	10
B	C	D	B	D	C	D	A	B	D

二、多项选择题

1	2	3	4	5
AC	BCD	ABC	AB	BCD

三、判断题

1	2	3	4	5
√	×	×	×	√

第二章　增值税法

一、单项选择题

1	2	3	4	5	6	7	8	9	10
A	A	A	A	D	A	A	D	B	C

二、多项选择题

1	2	3	4	5	6	7	8	9	10
ABCD	ABD	CD	BCD	CD	AC	CD	ABC	ACD	ABD

三、判断题

1	2	3	4	5	6	7	8	9	10
√	√	√	√	×	√	×	×	√	×

四、计算题

1. 销项税＝(135.6＋4.52)÷(1＋13％)×13％＝16.12(元)
2. 增值税＝66 950÷(1＋3％)×3％＋17 098÷(1＋3％)×2％＝2 282(元)
3. 增值税＝483÷(1＋0.5％)×0.5％＝2.4(万元)

4. 增值税＝7 000÷(1＋13%)×13%＋2 000÷(1＋13%)×13%＝1 035.40(元)

5. 销项税＝1 000×80×70%×13%＝7 280(元)

6. 根据增值税法律制度的规定，进口货物应纳增值税额，按照组成计税价格和规定税率计算。

(1) 进口环节应纳关税税额＝200×10%＝20(万元)

(2) 进口环节应纳增值税税额＝(200＋20)×13%＝28.6(万元)

7.

(1) 商品销售应纳增值税额＝5.15÷(1＋3%)×3%＝0.15(万元)

(2) 商品捐赠应纳增值税额＝1.03÷(1＋3%)×3%＝0.03(万元)

(3) 小规模纳税人购进货物支付的增值税额不允许抵扣。

(4) 应纳增值税税额＝0.15＋0.03＝0.18(万元)

五、综合题

1.

(1) 进项税＝5.1(万元)

(2) 进项税＝4.25(万元)

(3) 进项税＝5.92(万元)

(4) 进项税＝2.34(万元)

(5) 销项税＝114.45÷(1＋9%)×9%＝9.45(万元)

(6) 销项税＝12.72÷(1＋6%)×6%＝0.72(万元)

(7) 销项税＝70.2÷(1＋13%)×13%＝8.08(万元)

(8) 增值税＝20.8÷(1＋3%)×2%＝0.40(万元)

该货运公司 2×20 年 4 月应缴纳的增值税＝(9.45＋0.72＋8.08)－(5.1＋4.25＋5.29＋2.34)＋0.4＝1.67(万元)

2.

(1) 进项税额＝6.5＋13＋0.78＝20.28(万元)

(2) 销项税额＝200×13%＋1.13÷13%×13%＋7.91÷(1＋13%)×13%
＝26＋0.13＋0.91＝27.04(万元)

(3) 进项税转出＝8×13%＝1.04(万元)

(4) 应纳增值税税额＝27.04－20.28＋1.04＝7.8(万元)

3.

(1) 当期销项税额＝106÷(1＋6%)×6%＝6(万元)

(2) 当期进项税额＝2.6＋0.045＋0.3＝2.945(万元)

(3) 一般计税方法的应纳税额＝6－2.945＝3.055(万元)

(4) 简易方法的应纳税额＝0.206÷(1＋3%)×2%＝0.004(万元)

(5) 应纳增值税税额＝3.055＋0.004＝3.059(万元)

4. 销售额＝(3.09＋1.03)÷(1＋3%)＝4(万元)

应纳增值税税额＝4×3%＝0.12(万元)

第三章　消费税法

一、单项选择题

1	2	3	4	5	6	7	8	9	10
D	D	A	C	D	D	A	C	B	A

【解释】

第1题:纳税人自产的应税消费品用于连续生产应税消费品的,不缴纳消费税。

第3题:金银首饰是在零售环节缴纳消费税。

第6题:应纳税额=[100 000×(1+10%)+5×1 000]÷(1−20%)+5 000=33 750(元)

第7题:雪茄烟在批发环节不缴纳消费税,卷烟应纳税额=800 000×11%+1×250=88 250(元)

第8题:甲公司应纳增值税=(关税完税价格+关税+消费税)×增值税税率=(70+7+33)×17%=18.7(万元)

第9题:应纳消费税税额=80×0.015+400×56%−50×30%×60%=216.20(万元)

二、多项选择题

1	2	3	4	5
ACD	BD	CD	ABCD	ABD

【解释】

第2题:选项A,香水精和香水都是应税消费品,用自产的应税消费品生产应税消费品,移送时不纳消费税。选项C,用自产的应税消费品生产非应税消费品,移送时缴纳消费税。选项BD,视同销售,缴纳消费税。

第4题:选项AB,属于价外收入,应计征消费税;选项C,对酒类生产企业销售酒类产品(黄酒、啤酒除外)而收取的包装物押金,不论押金是否返还以及会计上如何核算,均应并入酒类产品的销售额,征收消费税;选项D,白酒生产企业向商业销售单位收取的“品牌使用费”是随着应税白酒的销售而向购货方收取的,属于价外费用。

三、判断题

1	2	3	4	5	6	7	8	9	10
×	×	√	√	×	×	√	×	√	√

【解释】

第1题:纳税人兼营不同税率应税消费品的,应当分别核算不同应税消费品的销售额、销售数量。未分别核算的,从高计税。

第2题:消费税是价内税,所以消费税的计税销售额含消费税。

第4题:饮食业、娱乐业自制啤酒缴纳消费税和营业税。

第5题:纳税人将不同税率的应税消费品组成成套消费品销售的,即使分别核算,也要从高计税。

第 6 题:委托加工应税消费品收回后直接出售的,不缴纳消费税。

第 8 题:纳税人用委托加工收回的已税珠宝玉石生产的改在零售环节征收消费税的金银首饰,不得扣除委托加工收回的珠宝玉石的已纳消费税税款。

四、计算题

1.（1）进口环节应缴纳的关税、消费税、增值税。

① 进口散装化妆品:

关税 = 150 × 40% = 60(万元)

进口消费税 = (150 + 60) ÷ (1 − 30%) × 15% = 45(万元)

进口增值税 = (150 + 60 + 45) × 13% = 33.15(万元)

② 进口机器设备:

关税 = 40 × 20% = 8(万元)

进口增值税 = (40 + 8) × 13% = 6.24(万元)

③ 进口环节应缴纳的关税＝60＋8＝68(万元)

④ 进口环节应缴纳的消费税＝90(万元)

⑤ 进口环节应缴纳的增值税＝33.15＋6.24＝39.39(万元)

（2）国内生产销售环节应向税务机关缴纳的增值税、消费税:

① 国内生产销售环节应缴纳增值税税额＝434×13%－39.39＝17.03(万元)

② 国内生产销售环节应缴纳消费税税额＝434×30%－90×80%＝58.20(万元)。

2.（1）M 企业当月应代收代缴的消费税＝$(800+500\times0.1+500\times\frac{150}{10\ 000})\div(1-56\%)\times200/500\times56\%+200\times150/10\ 000$＝439.55(万元)

（2）批发商之间销售卷烟不缴纳消费税。

（3）集团公司向 Y 专卖店销售卷烟应缴纳的消费税＝3200 000×11%＋80×250＝372 000(元)。

3.（1）本月甲企业向专卖店销售白酒应缴纳的消费税＝(200＋50＋20)÷1.13×20%＋20×2 000×0.5÷10 000＝49.79(万元)。

（2）乙企业已代收代缴的消费税＝(10＋1)÷(1－10%)×10%＝1.22(万元)。

（3）本月甲企业销售瓶装药酒应缴纳的消费税＝1 800×100÷10 000×10%＝1.8(万元)。酒类产品连续加工再销售的,不得扣除外购或委托加工已经缴纳过的消费税。

第四章　关税法

一、单项选择题

1	2	3	4	5	6	7	8	9	10
B	C	D	A	C	B	A	A	B	C

【解释】

第 10 题:应补缴关税＝800×(1－2÷5)×10%＝48(万元)

二、多项选择题

1	2	3	4	5
ABCD	BCD	ABD	ABCD	ABCD

三、判断题

1	2	3	4	5
×	√	√	√	×

四、计算题

1. 进口环节应纳关税＝(120 000＋4 050)×8×28％＝277 872(元)

2. (1) 关税的完税价格应当按人民币计算：

$$完税价格 = 92 \times 9.95 + 5 \times 9.95 + 3 \times 9.95 = 995(万元)$$

(2) 暂定税率优先适用，所以该进口货物的适用税率应为6％。

(3) 应纳关税税额＝995×6％＝59.7(万元)

3. 关税完税价格＝1 410－10＋50＋15＋35＝1 500(万元)

(1) 进口环节关税＝1 500×20％＝300(万元)

(2) 进口消费税组成计税价格＝(1 500＋300)÷(1－10％)＝2 000(万元)

(3) 进口环节海关代征消费税＝2 000×10％＝200(万元)

(3) 进口增值税税组成计税价格＝1 500＋300＋200＝2 000(万元)

(4) 进口环节海关代征增值税＝2 000×13％＝260(万元)

第五章　特定目的税类

一、单项选择题

1	2	3	4	5	6	7	8	9	10
D	C	D	A	B	A	A	B	C	B

【解释】

第2题：应纳烟叶税＝(50 000＋5 000)×20％＝11 000(元)

第3题：外国驻华使馆、领事馆和国际组织驻华机构及其外交人员自用车辆免征车辆购置税。

第4题：自2010年12月1日起，对外商投资企业、外国企业及外籍个人征收城市维护建设税。

应代收代缴城市维护建设税＝(800 000＋150 000)÷(1－5％)×5％×5％÷2＝1 250(元)

第5题：农村居民占用耕地新建住宅，按照当地适用税额减半征收耕地占用税。

第6题：虽然进口11辆，但仅就其自用的2辆征收车辆购置税。当月销售和抵债的小汽车均由其购买方缴纳。因此，贸易公司应纳车辆购置税＝2×(25＋25×28％)÷(1－9％)×10％＝7.03(万元)。

第7题：用于建房或从事其他非农业建设而征(占)用的国家所有和集体所有的耕地，属于耕地占用税的征税范围，A 选项是占用菜地开发花圃，此项行为属于农业建设，不属于耕地占用税的征税范围。

第 8 题：城市维护建设税是进口不征、出口不退的。经国家税务总局正式审核批准的当期免抵的增值税税额应作为城市维护建设税和教育费附加的依据。

$$应纳城市维护建设税 = (40+5)\times 7\% = 3.15(万元)$$

第 10 题：有销售价按销售价，凡不能或不能准确提供车辆价格的，由主管税务机关依国家税务总局核定的、相应类型的应税车辆的最低计税价格确定。此题是有同类售价的，所以应按轿车售价计算。

二、多项选择题

1	2	3	4	5
ABCD	AC	BCD	AC	CD

【解释】

第 1 题：本题考查车辆购置税的应税行为，以上选项均为车辆购置税的应税行为。

第 2 题：选项 B，应为纳税人实际缴纳的“三税”为计税依据。选项 D，城市维护建设税进口产品不征。

第 3 题：选项 A，对流动经营等无固定纳税地点的单位和个人，应随同“三税”在经营地按适用税率缴纳。

第 5 题：控购费是政府行政性收费，价外费用不含增值税。

三、判断题

1	2	3	4	5
√	√	×	√	√

【解释】

第 1 题：进口产品不征城市维护建设税，出口产品不退城市维护建设税。

第 2 题：受托方代扣代缴“三税”的纳税人，按受托方所在地适用税率计算代扣代缴的城市维护建设税。

第 3 题：城市维护建设税的计税依据不包括加收的滞纳金和罚款等非税款项。

第 5 题：车辆购置税的应税行为是从各种渠道取得并使用应税车辆的行为。

四、计算题

1. 关税完税价格＝15＋10.38＝25.38(万元)

关税＝(15＋10.38)×60％＝15.23(万元)

消费税＝(25.38＋15.23)÷(1－9％)×9％＝4.02(万元)

增值税＝(25.38＋15.23)÷(1－9％)×13％＝5.80(万元)

2. $组价=\dfrac{80+15}{(1-5\%)}=100(万元)$

代收消费税＝100×5％＝5(万元)

代收城建税＝5×5％＝0.25(万元)

第六章　资源税类

一、单项选择题

1	2	3	4	5	6	7	8	9	10
B	B	D	D	B	B	D	C	C	C

【解释】

第 3 题:应缴纳的资源税=(96+96÷8×30)×8%=36.48(万元)。

第 10 题:应缴纳的土地增值税=(1 800−1 200−40−35)×30%=157.5(万元)。

二、多项选择题

1	2	3	4	5
BC	BC	ACD	ACD	ACD

【解释】

第 1 题:汽车修理厂应纳土地使用税=7 500×3/4×5=28 125(元)。

服装厂应纳土地使用税=7 500×1/4×5=9 375(元)。

三、判断题

1	2	3	4	5
×	√	√	×	√

四、计算题

1. (1) 评估价格=1 400×50%=700(万元)

(2) 扣除项目金额=700+72=772(万元)

(3) 增值额=1 200−772=428(万元)

(4) 增值率=428÷772×100%=55.44%(适用税率 40%,速算扣除系数 5%)

(5) 应纳土地增值税=428×40%−772×5%=132.6(万元)

2. 火电厂厂区围墙内的用地均应征收城镇土地使用税。对厂区围墙外的灰场、输灰管、输油(气)管道、铁路专用线用地,免征城镇土地使用税;厂区围墙外的其他用地,应照章征税。

该火电厂 2×20 年应缴纳城镇土地使用税=(70+15)×1.2=102(万元)。

3. (1) 资源税:

外销原煤应纳资源税=22 400×8%=1 792(万元)

外销洗煤应纳资源税=15 840×60%×8%=760.32(万元)

食堂用煤应纳资源税=0.25×(22 400÷280)×8%=1.6(万元)

外销天然气应纳资源税=6 660÷37 000×(37 000−2 000)×5%=315(万元)

应纳资源税合计=1 792+760.32+1.6+315=2 868.92(万元)

(2) 增值税:

销售原煤销项税额=22 400×13%=2 912(万元)

销售洗煤销项税额＝15 840×13%＝2 059.2(万元)
自用原煤销项税额＝22 400÷280×0.25×13%＝2.6(万元)
销售天然气销项税额＝6 660×9%＝599.4(万元)
进项税额＝1 190＋200×9%＋4.25×10＝1 250.5(万元)
应缴纳的增值税＝2 912＋2 059.2＋2.6＋599.4－1 250.5＝4 322.7(万元)

第七章　财产行为税类

一、单项选择题

1	2	3	4	5	6	7	8	9	10
C	C	C	C	B	A	B	C	A	D

【解释】

第 2 题:房产税征税对象是房产,即可供人们在其中学习、生活、工作、娱乐居住或储藏物资的场所,房产不等于建筑物,所以选项 ABD 都不正确。

第 4 题:契税的纳税人为承受房产权属的单位和个人,所以应该是居民甲缴纳契税。由于该房产是用 180 万元债权外加 20 万元款项取得,故计税依据为 200 万元,居民甲应纳契税＝(180＋20)×5%＝10(万元)。所以本题选 C。

第 8 题:加工承揽合同,委托方提供原料的加工合同,按照合同中规定的受托方收取的加工费收入按照加工承揽合同计税贴花。所以本题选 C。

二、多项选择题

1	2	3	4	5
CD	BCD	ABC	BCD	AB

第 2 题:房产税纳税义务包括:①产权属国家所有的,由经营管理单位纳税;产权属集体和个人所有的,由集体单位和个人纳税。②产权出典的,由承典人纳税。③产权所有人、承典人不在房屋所在地的,或者产权未确定及租典纠纷未解决的,由房产代管人或者使用人纳税。④无租使用其他房产的问题。纳税单位和个人无租使用房产管理部门、免税单位及纳税单位的房产,应由使用人代为缴纳房产税。⑤自 2009 年 1 月 1 日起,外商投资企业、外国企业和组织以及外籍个人缴纳房产税。

所以本题选 BCD。

第 3 题:以自有房产作股投入本人经营的企业,免征契税。

三、判断题

1	2	3	4	5
×	×	√	√	×

第 2 题:依法不需要在车船登记管理部门登记的在单位内部场所行驶或者作业的机动

车辆和船舶，属于车船税的征税范围，缴纳车船税。

第 4 题：不可随意移动的房屋附属设备和配套设施，在 2006 年 1 月 1 日起均要计入房产原值计征房产税。

四、计算题

1.（1）2×20 年 1～2 月从价计征的房产税税额：30 000×(1－20%)×1.2%÷12×2＝48(万元)

（2）2×20 年 3～12 月从价计征的房产税税额：25 000×(1－20%)×1.2%÷12×10＝200(万元)

（3）2×20 年 3～12 月从租计征的房产税税额：1 000×12%÷12×10＝100(万元)

合计应纳房产税＝48＋200＋100＝348(万元)

2. 乙和丙为契税的纳税义务人。

乙缴纳的契税税额＝100×3%＝3(万元)

丙缴纳的契税＝12×3%＝0.36(万元)

3. 该公司就该车 2×20 年实际应缴纳的车船税税额＝10×96×8/12＝640(元)

4.（1）加工承揽合同缴纳印花税税额＝(15＋20)×0.5‰×10 000＝175(元)

（2）运输合同应缴纳的印花税税额＝2×1‰×10 000＝20(元)

（3）技术转让合同应缴纳的印花税税额＝5(元)

（4）租赁合同应缴纳的印花税税额＝3×2×1‰×10 000＝60(元)

（5）制造合同应缴纳的印花税税额＝(7×0.3‰＋3×0.5‰)×10 000＝36(元)

本月应缴纳的印花税税额＝175＋20＋5＋60＋36＝296(元)

第八章　企业所得税法

一、单选题

1	2	3	4	5	6	7	8	9	10	11	12	13	14	15
D	A	B	B	D	C	D	A	D	D	D	C	C	A	B

【解释】

第 2 题：选项 BC：属于征税收入；选项 D：属于免税收入。

第 3 题：①在计算业务招待费的扣除限额时，销售(营业)收入包括主营业务收入、其他业务收入、视同销售收入，但不包括营业外收入(固定资产处置净收益 30 万元)；②业务招待费×60%＝30×60%＝18(万元)＞销售收入×5‰＝3 000×5‰＝15(万元)，业务招待费的扣除限额为 15 万元，该企业业务招待费的实际发生额为 30 万元，准予在税前扣除的业务招待费支出为 15 万元。

第 4 题：企业发生的公益性捐赠支出，在年度利润总额 12%以内的部分，准予在计算应纳税所得额时扣除。在本题中，捐赠扣除限额＝20×12%＝2.4(万元)，实际发生捐赠额 5 万元，超过了扣除限额，只能在税前扣除 2.4 万元。

第 6 题：国家需要重点扶持的高新技术企业，减按 15%的税率征收企业所得税，该企业

2×20 年应纳的企业所得税＝200×15％＝30(万元)。

第 7 题:A 国所得的抵免限额＝(160＋90)×25％×90/(160＋90)＝22.5(万元),实际在 A 国已缴纳税款 27 万元超过了抵免限额,只能抵免 22.5 万元,超过抵免限额的 4.5 万元(27－22.5),可以在以后的 5 个年度内,用每年抵免限额抵免当年应抵税额后的余额进行抵免。该企业 2×20 年在我国实际应缴纳的企业所得税＝(160＋90)×25％－22.5＝40(万元)。

第 8 题:BCD 属于营业外收入,不属于业务招待费计税依据营业收入的组成部分。

第 9 题:A“房屋、建筑物以外”未投入使用的固定资产,不计提折旧;B 经营租赁方式租入的固定资产,不计提折旧;融资租赁方式租入的固定资产,应当计提折旧。C 盘盈的固定资产,以同类固定资产的“重置完全价值”为计税基础。D 盘盈的固定资产,以同类固定资产的“重置完全价值”为计税基础。

第 12 题:除国务院财政、税务主管部门另有规定外,企业发生的职工教育经费支出,不超过工资薪金总额 2.5％的部分准予扣除,超过部分准予结转以后纳税年度扣除。

第 13 题:2×20 年甲企业广告费税前扣除限额＝3 000×15％＝450(万元),当年实际发生额(400 万元)＋上年结转广告费(60 万元)＝460(万元),甲企业 2×20 年税前准予扣除的广告费为 450 万元。

第 15 题:企业所得税的纳税人包括各类企业、事业单位、社会团体、民办非企业单位和从事经营活动的其他组织,但不包括个人独资企业和合伙企业。

二、多项选择题

1	2	3	4	5	6	7	8	9	10
CD	ABCD	AB	AD	ABCD	AC	ABC	AD	ABC	BCD

【解释】

第 1 题:个人独资企业和合伙企业不是企业所得税的纳税人。

第 3 题:下列固定资产不得计算折旧扣除:①房屋、建筑物以外未投入使用的固定资产;②以经营租赁方式租入的固定资产;③以融资租赁方式租出的固定资产;④已足额提取折旧仍继续使用的固定资产;⑤与经营活动无关的固定资产;⑥单独估价作为固定资产入账的土地。

第 4 题:居民企业是指依法在中国境内成立,或者依照外国(地区)法律成立但实际管理机构在中国境内的企业。

第 6 题:AC 属于免税收入,B、D 属于销售货物收入和其他业务收入,均属于企业所得税的应税收入。

第 7 题:准予结转扣除的项目包括:①职工教育经费;②广告费和业务宣传费。

第 8 题:①选项 AB:企业发生的与生产经营活动有关的业务招待费支出,按照发生额的 60％扣除(60×60％＝36 万元),但最高不得超过当年销售(营业)收入的 5‰(4 000×5‰＝20 万元),业务招待费准予扣除的数额为 20 万元;②选项 CD:企业发生的符合条件的广告费和业务宣传费支出,除国务院财政、税务主管部门另有规定外,不超过当年销售(营业)收入 15％的部分(4 000×15％＝600 万元),准予扣除;在本题中,该企业实际发生广告费和业务宣传费支出 200 万元,未超过扣除限额,可以全部在税前扣除。

第 9 题:①选项 A:公益性捐赠支出税前扣除限额＝2 000×12％＝240(万元),实际发生

200万元未超过扣除限额，准予全额税前扣除；②选项B：职工福利费税前扣除限额＝1 500×14%＝210(万元)，实际发生160万元没有超过扣除限额，准予全额税前扣除；③选项C：职工教育经费税前扣除限额＝1 500×8%＝120(万元)，实际发生40万元，可全部扣除；④选项D：2×20年7月至2×21年6月期间的厂房租金支出50万元，应按租金所属年度分别在2×20年度和2×21年度扣除，而非全部在2×12年度扣除。

第10题：企业缴纳的增值税(价外税)、企业所得税不能在税前扣除。

三、判断题

1	2	3	4	5
×	×	√	×	√

【解释】

第1题：纳税人年度收入总额减除不征税收入、免税收入和各项扣除后小于零的数额，为亏损。

第4题：非居民企业应就来源于“境内”的所得和虽来源于“境外”但与境内所设立的机构、场所有实际联系的所得，在我国纳税。

第5题：企业安置残疾人员所支付工资费用的加计扣除，是指企业安置残疾人员的，在按照支付给残疾职工工资据实扣除的基础上，按照支付给残疾职工工资的100%加计扣除。

四、计算题

1. 公益性捐赠扣除限额＝(5 000＋80－4 100－700)×12%＝26.4(万元)

当年应纳税所得额＝220＋(50－26.4)－30＝213.6(万元)

当年应纳税额＝213.6×25%＝53.4(万元)

2. (1) 广告费和业务宣传费税前扣除限额＝5 500×15%＝825(万元)，实际发生广告费和业务宣传费＝800＋300＝1 100(万元)＞825万元，所以准予在企业所得税前扣除的广告费和业务宣传费为825万元。

(2) 业务招待费税前扣除限额＝5 500×5‰＝27.5(万元)，实际发生额的60%＝80×60%＝48(万元)＞27.5万元，所以只能在税前扣除业务招待费27.5万元。支付给其他企业的租金，允许在税前扣除。准予在企业所得税前扣除的管理费用＝960－80＋27.5＝907.5(万元)。

(3) 购买安全生产专用设备的支出，应计入固定资产的成本，不能一次性在销售费用中列支，所以利润总额要调增30万元。公益性捐赠支出税前扣除限额＝(170＋30)×12%＝24(万元)，实际发生公益性捐赠支出65万元＞24万元，准予在税前扣除的公益性捐赠支出为24万元。因违反合同约定支付给其他企业的违约金，可以在税前扣除。违反工商管理规定被工商局处以的罚款，属于行政性质的罚款，不得在税前扣除。所以准予在税前扣除的营业外支出金额＝100－65＋24－5＝54(万元)。

(4) 企业实际发生的合理的工资允许在税前据实扣除。工会经费税前扣除限额＝400×2%＝8(万元)，实际拨缴的6万元没有超过限额，可以在税前据实扣除。职工福利费税前扣除限额＝400×14%＝56(万元)＜实际发生的60万元，只能在税前扣除56万元，应调增应纳税所得额＝60－56＝4(万元)。职工教育经费税前扣除限额＝400×8%＝32(万元)＞实际发生的15万元，可全部扣险，无须调整。工资总额、工会经费、职工福利费和职工教育经费共应调增应纳税所得额＝4(万元)。

(5) 支付给银行的利息和罚息，可以在税前扣除，国债利息收入免征企业所得税。该居民企业 2×13 年度境内应纳税所得额＝170＋(1 100－825)＋30＋(960－907.5)＋(100－54)－10－45－25＋4＝498.5(万元)。

(6) 境外 A 国所得的抵免限额＝45÷(1－30%)×25%＝16.07(万元)，实际在 A 国缴纳的税额＝45÷(1－30%)×30%＝19.29(万元)，由于在境外 A 国实际缴纳的税额超过了抵免限额，所以可以全额抵免，不需要在我国补税；境外 B 国所得的抵免限额＝25÷(1－20%)×25%＝7.81(万元)，实际在 B 国缴纳的税额＝25÷(1－20%)×20%＝6.25(万元)，需要在我国补税＝7.81－6.25＝1.56(万元)。

该居民企业境外所得应在我国补缴的企业所得税为 1.56 万元。

(7) 企业购置并实际使用符合《安全生产专用设备企业所得税优惠目录》规定的安全生产专用设备的，该专用设备的投资额的 10%可以从企业当年的应纳税额中抵免，当年不足抵免的，可以在以后 5 个纳税年度结转抵免；可抵免的应纳税额＝30×10%＝3(万元)，该居民企业应补缴企业所得税税额＝498.5×25%＋1.56－3－42.5＝80.685(万元)。

第九章　个人所得税法

一、单项选择题

1	2	3	4	5	6	7	8	9	10
B	D	D	D	A	D	B	C	A	D

二、多项选择题

1	2	3	4	5
ACD	AD	AC	AB	BD

三、判断题

1	2	3	4	5					
×	×	×	√	×					

四、不定项选择题

1. ABC　2. AB　3. BD　4. C　5. ABCD　6. D　7. BCD　8. C

第十章　税收征收管理法

一、单项选择题

1	2	3	4	5	6	7	8	9	10
B	B	C	D	B	D	A	C	D	B

【解释】

第 1 题:从事生产、经营的纳税人应当自领取营业执照或者发生纳税义务之日起 15 日内,按照国家有关规定设置账簿。

第 2 题:已经开具的发票存根联和发票登记簿,应当保存 5 年。

第 6 题:企业不可以自行决定拆本使用发票。

第 9 题:纳税人发生纳税义务,未按照规定的期限办理的税申报,经税务机关责令限期申报,逾期仍不申报的,税务机关有权核定其应纳税额。

二、多项选择题

1	2	3	4	5	6	7	8	9	10
ABCD	BC	ABCD	ABCD	ABCD	AB	BC	ACD	AC	ACD

【解释】

第 1 题:任何单位和个人应当接照发管理规定使用发票,不得有下列行为:(1)转借、转让、介绍他人转让发票、发票监制章和发票防伪专用品(选项 D);(2)知道或者应当知道是私自印制、伪造、变造、非法取得或者废止的发票而受让、开具、存放携带、邮寄、运输;(3)拆本使用发票(选项 B);(4)扩大发票使用范围(选项 A);(5)以其他凭证代替发使用(选项 C)。

第 3 题:税务机关在发票管理中有权检查印制、领购、开具、取得,保管和缴销发票的情况;调出发票查验;查阅、复制与发票有关的凭证、资料;向当事各方询问与发票有关的问题和情况;在查处发票案件时,对与案件有关的情况和资料,可以记录、录音、录像、照相和复制。

第 5 题:发票分为增值税专用发票,普通发票;增值税专用发票由国务院税务主管部门指定的企业印制;其他发票按照国务院税务主管部门的规定,分别由省、自治区、直辖市国家税务局、地方税务局指定企业印制。普通发票小规模纳税人、营业税纳税人和增值税一般纳税人均可使用。

第 6 题:选项 D:在此情形下,经县以上税务局(分局)局长批准,税务机关可以采取强制执行措施,包括:(1)书面通知其开户银行或者其他金融机构从其存款中扣缴税款;(2)扣押、查封、依法拍卖或者变卖其价值相当于应纳税款的商品、货物点者其他财产,以拍卖或者变卖所得抵缴税款。

第 7 题:(1)选项 A:属于责令纳税人提供纳税担保;(2)选项 BC:属于采取税收保全措施;(3)选项 D:属于采取强制执行措施。

第 8 题:税务机关派出的人员进行税务检查时,应当出示税务检查证和税务检查通知书,并有责任为被检查人保守秘密。

三、判断题

1	2	3	4	5	6	7	8	9	10
×	×	√	√	√	√	×	×	√	√

【解释】

第 2 题:纳税人享受减税、免税待遇的在减税、免税期间应当按照规定办理纳税申报。

第 8 题:个人及其所扶养家属维持生活必需的住房和用品,既不在税收保全措施的范围内,也不在强制执行的范围内。

第三部分　案例分析及参考答案

案例分析

1. 甲公司为增值税一般纳税人，2020 年 5 月发生的部分经济业务如下：

(1) 将自产的一批产品直接赠送给某希望小学。该批产品的成本 120 万元，市场售价为 150 万元。

(2) 某设备安装工程领用本公司外购原材料一批，成本为 50 万元。该批原材料系上个月购入，取得增值税专用发票，进项税额已抵扣。

(3) 某新建厂房工程领用本公司外购原材料一批，成本 100 万元。该批原材料系以前年度购入，取得增值税专用发票，进项税额已抵扣。

(4) 甲公司将新生产的某产品于 2019 年 11 月 10 日委托乙公司代销，该批产品成本为 30 万元，与乙公司约定结算价款为 50 万元。乙公司代销完成后甲公司另支付乙公司代销手续费 1 万元。当月甲公司未取得乙公司代销清单及货款，甲公司也一直未向乙公司开具发票。

(5) 某仓库修缮工程领用外购原材料一批，成本为 500 万元。该批原材料系 3 月购入，取得增值税专用发票，进项税额已抵扣。

(6) 以自产的产品对丙公司进行长期股权投资，该批产品的成本为 1 000 万元，市场售价为 1200 万元。

其他相关资料：以上价款均不含增值税。要求：

(1) 根据上述资料，逐项分析甲公司每项经济业务增值税处理，需要计算销项税额的说明计税依据，并编制会计分录。

(2) 分别说明资料(1)和资料(6)企业所得税的处理。

(3) 根据上述材料，计算甲企业当月增值税销项税额的计算。

2. 某食品饮料有限公司，系增值税一般纳税人，主营果汁饮料生产销售。未实行农产品增值税进项税额核定扣除办法。

2020 年 6 月“应交税费——应交增值税”各栏合计数为：销项税额 122 200 元；进项税额 33 215 元；进项税额转出 3 900 元；转出未交增值税 92 885 元。注册税务师受托审核该公司 2020 年 6 月的增值税相关情况，发现如下一些业务：

(1) 与某商场结算 5 月份代销的果汁饮料，开具增值税专用发票并收取货款。账务处理：

借：银行存款　　101 700
　贷：主营业务收入　　90 000
　　　应交税费——应交增值税（销项税额）　　11 700

后附原始凭证：

① 商场代销果汁结算清单 1 份：代销果汁价税合计收入 113 000 元，商场代销手续费 11 300 元，实收 101 700 元；

② 增值税专用发票记账联 1 份：金额为 90 000 元；税额为 11 700 元；

③ 银行进账单 1 份：金额为 101 700 元。

（2）购置临街商铺作为零售门市部，取得增值税专用发票。账务处理：

借：固定资产——商铺　　1 030 000
　　应交税费——应交增值税（进项税额）　　10 000
　贷：银行存款　　1 040 000

后附原始凭证：

① 增值税专用发票的发票联 1 份（抵扣联另存）：金额 1 000 000 元，税率为＊＊＊，税额为 10 000 元，备注栏注明"差额征税"；

② 契税完税凭证 1 份：金额为 30 000 元；

③ 银行付款凭证回执 2 份，金额分别为 1 010 000 元和 30 000 元。

（3）向林场购进苹果，开具农产品收购发票。账务处理：

借：原材料——苹果　　108 000
　　应交税费——应交增值税（进项税额）　　12 000
　贷：银行存款　　120 000

后附原始凭证：

① 农产品收购发票注明：数量为 25 吨，金额为 120 000 元，税率为免税，税额为＊＊；

② 银行付款凭证回执 1 份：金额为 120 000 元；

③ 入库单 1 份：苹果入库 25 吨。

注：根据仓库记录，苹果的期初余额 0；入库 25 吨；生产领用 20 吨。

（4）包装物被市场监管部门没收，账务处理：

借：营业外支出　　33 900
　贷：周转材料——包装物　　30 000
　　　应交税费——应交增值税（进项税额转出）　　3 900

后附原始凭证：

① 市场监督管理部门出具的处理决定 1 份：饮料包装瓶塑化剂超标，予以没收；

② 市场监督管理部门出具的收据 1 份：饮料包装瓶 1 批，金额 30 000 元。

经核查，该批饮料包装瓶于 2019 年 2 月购入，取得增值税专用发票，金额为 30 000 元，税额为 4 800 元。进项税额已于 2019 年 2 月申报抵扣。

（5）销售人员报销差旅费，账务处理（汇总）：

借：销售费用　　16 645
　　应交税费——应交增值税（进项税额）　　1 335
　贷：库存现金　　17 980

后附原始凭证：

① 住宿费增值税专用发票 10 份：合计金额 8 000 元，税额 480 元；

② 注明本公司销售人员身份信息的国内航空运输电子客票行程单 4 份：合计额 7 000 元；

③ 注明本公司销售人员身份信息的国内公路客票 12 份：合计金额 2 500 元。

(6) 除上述审核业务外，该企业还购进调味品等原材料，均取得增值税专用发票，合计金额 76 000 元，税额 9 880 元。

当月取得的增值税专用发票均已申报抵扣。

要求：根据上述资料，回答下列问题：

(1) 根据上述资料，对公司不符合现行增值税政策的处理，请逐项指出错误之处。

(2) 分别计算确认该公司 2020 年 6 月的销项税额、进项税额、进项税额转出及应纳增值税额。请列出计算过程，金额单位为元，保留小数点后两位。

3. Z 市甲公司为增值税一般纳税人，系高新技术企业，2020 年 3 月委托 ABC 税务师事务所对 2019 年度进行所得税汇算清缴，A 注册税务师在工作底稿中记载相关内容如下：

(1) 甲公司 2019 年度利润表中营业收入为 6 500 万元，营业成本为 3 900 万元，税金及附加 265.5 万元，管理费用 1 650 万元，财务费用 280 万元，销售费用 980 万元，资产减值损失 265 万元，公允价值变动损失 60.5 万元，投资收益 600 万元，营业外收入 800 万元，营业外支出 350 万元。

(2) 经检查发现甲公司当年管理费用中有 100 万元取得的发票不符合税法规定。

(3) 管理费用中业务招待费 65 万元，财务费用中利息支出 150 万元(经检查发现该利息支出系向乙公司借款发生，取得乙公司开具的相关发票不符合税法规定)，销售费用中有 600 万元为广告费(以前年度未扣除广告费为 10 万元)。

(4) 资产减值损失系计提坏账准备 80 万元，固定资产减值准备 100 万元，存货跌价准备 85 万元。

(5) 公允价值变动损失系某交易性金融资产期末公允价值下降。

(6) 投资收益包括两笔，第一笔为对 A 公司投资收到的分红(A 公司为上市公司，甲公司于 2019 年 3 月投资，A 公司于 6 月 2 日分红 200 万元，持股时间 7 个月)，第二笔为对 B 公司的投资(对 B 公司投资作为长期股权投资并采用权益法核算，B 公司当年实现净利润，甲公司按持股比例确认的投资收益为 400 万元)。

(7) 营业外收入中有 300 万元系当地政府发放的指定专项用途的财政补贴(已列支费用 100 万元)。

(8) 营业外支出中有支付 C 公司的违约金 10 万元，有支付工商罚款 5 万元，有通过当地红十字会对灾区的捐赠款 20 万元，有达到使用年限集中报废固定资产损失 50 万元，有未达到预定使用年限提前报废固定资产损失 10 万元，有债务重组损失 38 万元，有产品赞助支出 217 万元(该批产品市场不含税售价 200 万元，成本 191 万元)。

(9) 已在成本费用中列支的工资薪金 650 万元，工会经费 15 万元(已全额上缴)，职工教育经费 62 万元(已全部使用)，职工福利费 90 万元(实际使用 85 万元)。

(10) 企业研发费用台账中列明当年发生的研究开发费用合计为 300 万元，其中包括工资薪金35万元(包括在上述650万元工资薪金中),社保费19.25万元,设备租赁费35万元,直接耗用材料费100.5万元,试制产品检验费2.5万元,研发设备检修费6.5万元,固定资产折旧费28.25万元,委托境内外部个人进行研发活动发生费用10万元,研发成果分析费20万元,研发成果评估费33万元,知识产权申请费10万元。

(11) 2017年甲公司亏损125万元,2018年所得税汇算清缴未弥补亏损前应纳税所得额为116万元,2018年已弥补2017年亏损116万元,2017年以前没有尚未弥补亏损。

(12) 甲公司当年预缴所得税22.35万元。

根据上述材料,要求计算:

(1) 根据A注册税务师记载的相关资料,请计算甲公司当年的利润总额。

(2) 计算当年"三项经费"合计调整应纳税所得额的金额。

(3) 计算当年甲公司可以加计扣除的研发费用金额。

(4) 计算甲公司当年应补(退)所得税金额。

(5) 请简述企业取得税前扣除凭证的时间要求和汇算清缴之后是否可以补充税前扣除凭证的相关规定。

4. 某设计师为非雇用单位提供设计服务,取得劳务报酬60 000元(不考虑增值税和其他税费),支付单位预扣个人所得税12 000元。

请逐一回答下列问题:

(1) 请列式计算支付单位预扣的个人所得税应为多少?

(2) 实行综合与分类相结合的个人所得税制后,这笔劳务报酬在汇算清缴时应与哪几项所得合并为综合所得计税?

(3) 劳务报酬所得预扣税款和年度汇算清缴时,在所得额计算、可扣除项目及适用税率(或预扣率)等方面有什么区别?

附表　居民个人劳务报酬的预扣率

级数	预扣预缴应纳税所得额	预扣率	速算扣除数(元)
1	不超过20 000元	20%	0
2	超过20 000元至50 000元	30%	2 000
3	超过50 000元	40%	7 000

5. 2020年3月28日,某市税务机关对辖区内甲公司进行税务检查。甲公司负责人说明将于3月30日迁往外省进行经营,因而拒绝接受纳税检查。税务人员认为甲公司有逃避缴纳税款的可能,因此于4月2日向甲公司下达了《限期缴纳税款通知书》,责令于4月10日前缴纳3月份的应纳税款420 000元。4月5日,甲公司开始运输部分货物,经人举报,税务机关于当日向其下达《提供纳税担保通知书》,责令其于4月7日前提供纳税担保。甲公司以未到纳税申报期限为由,拒绝提供纳税担保并拒绝缴纳税款,税务人员多次与其协调未果。4月9日,税务机关在对甲公司催缴税款无效后,税务人员在部门主任的批准下,扣押了甲公司价值相当于应纳税款的部分货物,并进行相应处罚。甲公司对税务机关采取的税款征收措施不服,认为法定的纳税期限应是4月15日,在此期限之前税务机关不能采取扣押

查封措施，并为此向上级税务机关申请税务行政复议。

要求：根据税收征收管理法的相关规定，回答下列问题：

(1) 税务机关要求甲公司在4月10日前缴纳税款是否符合规定？简要说明理由。

(2) 税务机关要求甲公司在4月7日前提供纳税担保的行为是否符合规定？简要说明理由。

(3) 税务机关扣押价值相当于应纳税款的部分货物的程序是否符合规定？简要说明理由。

(4) 税务机关可以执行强制执行措施包括哪些？该案例中，税务机关是否可以执行强制执行措施？

参考答案

1. (1) ① 增值税需要视同销售，计税依据为市场售价150万元。

借：营业外支出	1 395 000	
贷：库存商品		1 200 000
应交税费——应交增值税(销项税额)		195 000

② 增值税无须处理，外购原材料增值税可以抵扣。

借：在建工程	500 000	
贷：原材料		500 000

③ 增值税无须处理，外购原材料增值税可以抵扣。

借：在建工程	1 000 000	
贷：原材料		1 000 000

④ 增值税应视同销售，计税依据为结算价款50万元。

借：应收账款	65 000	
贷：应交税费——应交增值税(销项税额)		65 000

⑤ 增值税无须处理，外购原材料增值税可以抵扣。

借：在建工程	5 000 000	
贷：原材料		5 000 000

⑥ 增值税应视同销售，计税依据为市场售价1 200万元。

借：长期股权投资	13 560 000	
贷：主营业务收入		12 000 000
应交税费——应交增值税(销项税额)		1 560 000
借：主营业务成本	10 000 000	
贷：库存商品		10 000 000

(2) 资料(1)，将自产产品直接捐赠给某希望小学，捐赠支出在计算企业所得税时不得扣除；捐赠产品要作视同销售处理，确认视同销售收入并结转视同销售成本。

资料(6)，以非货币性资产对外投资确认的非货币性资产转让所得，可在不超过5年期限内，分期均匀计入相应年度的应纳税所得额，按规定计算缴纳企业所得税。

(3) 销项税额合计＝19.5＋6.5＋156＝182(万元)

2. (1) ① 委托代销确认的销售额及销项税额错误;增值税专用发票开票金额及税额错误。委托代销应以代销清单上注明的金额确认销售额进而计算销项税额,而不能以扣除代销手续费后的余额进行确认。

② 从林场购进苹果计算抵扣的进项税额错误。应按生产领用的 20 吨计算农产品进项税额加计抵扣 1%。

当期可以抵扣的进项税额=120 000×9%+20/25×120 000×1%=11 760(元)。多抵扣进项税额 240 元。

③ 包装物被市场监督管理部门没收的进项税额转出处理有误。2019 年 2 月抵扣了进项税额 4 800 元,现在发生非正常损失,应将当初抵扣的全部进项税额 4 800 元进行转出。

④ 销售人员报销差旅费进项税额抵扣有误。

进项税额=480+7 000÷(1+9%)×9%+2 500÷(1+3%)×3%=1 130.80(元),而非 1 335 元。

(2) 销项税额=122 200-11 700+113 000÷(1+13%)×13%=123 500(元)

进项税额=10 000+11 760+1 130.80+9 880=32 770.80(元)

进项税额转出=4 800(元)

应纳税额=123 500-(32 770.80-4 800)=95 529.20(元)

3. (1) 利润总额=6 500-3 900-265.5-1 650-280-980-265-60.5+600+800-350=149(万元)。

(2) 工会经费调增=15-650×2%=2(万元);教育经费扣除限额=650×8%=52(万元),纳税调增=62-52=10(万元),超标的 10 万元可以结转以后年度扣除;职工福利费扣除限额=650×14%=91(万元),因有 5 万元只计提未使用,所以纳税调增=90-85=5(万元);三项经费合计调增=2+10+5=17(万元)。

(3) 委托外部个人进行研发活动发生费用按其金额的 80%加计扣除,支付研发成果分析费 20 万元,研发成果评估费 33 万元,知识产权申请费 10 万元合计 63 万元,超过可加计扣除研发费用总额的 10%,不得作为加计扣除的基数=63-(300-2-63)×10%÷(1-10%)=36.89(万元),可以加计扣除的研发费用=(300-2-36.89)×75%=195.83(万元)。

(4) 调增金额=200(视同销售收入)+17(三项经费)+(65-33.5)(业务招待费)+(20-149×12%)(捐赠支出)+150(利息支出)+5(工商罚款)+217(赞助支出)+100(未取得合规发票的管理费用)+265(资产减值准备)+60.5(公允价值变动损失)+100(不征税收入形成的支出)=1 148.12(万元);调减金额=400(投资收益)+300(不征税收入)+191(视同销售成本)+10(广告费)=901(万元)。

(5) 甲公司当年应补所得税=(149+1 148.12-901-195.83-9)×15%-22.35=6.43(万元)

4. (1) 劳务报酬所得在预扣预缴时,以每次收入减除费用后的余额为收入额,每次收入不超过 4 000 元的,减除费用按 800 元计算;每次收入 4 000 元以上的,减除费用按 20%计算。

劳务报酬所得以每次收入额为预扣预缴应纳税所得额,故该设计师劳务报酬所得预扣预缴应纳税所得额=60 000×(1-20%)=48 000(元)。支付单位预扣的个人所得税=

48 000×30％－2 000＝12 400(元)。

(2) 新税制将居民个人工资、薪金所得，劳务报酬所得，稿酬所得，特许权使用费所得纳入综合所得，由扣缴义务人按月或者按次预扣预缴税款。年度终了后纳税人进行汇算清缴，税款多退少补。故这笔劳务报酬在汇算清缴时，应与工资、薪金所得，稿酬所得，特许权使用费所得合并为综合所得计税。

(3) ① 劳务报酬所得预扣税款和年度汇算清缴时，在所得额计算上的区别如下：劳务报酬所得预扣税款时，以每次收入额为预扣预缴应纳税所得额，收入额为每次收入减除费用后的余额。每次收入不超过 4 000 元的，减除费用按 800 元计算；每次收入 4 000 以上的，减除费用按 20％计算。

劳务报酬所得年度汇算清缴时，收入额为收入减除 20％费用后的余额。劳务报酬所得和工资、薪金所得，稿酬所得，特许权使用费所得合并计税，以合计收入额减除费用 6 万元以及专项扣除、专项附加扣除和依法确定的其他扣除后的余额为应纳税所得额。

② 劳务报酬所得预扣税款和年度汇算清缴时，可扣除项目的区别如下：

劳务报酬所得预扣税款时，每次收入不超过 4 000 元的，扣除项目按 800 元计算；每次收入 4 000 元以上的，扣除项目按 20％计算。

劳务报酬所得年度汇算清缴时，以扣除 20％费用后的金额计入收入额，可扣除项目包括 6 万元、专项扣除、专项附加扣除和依法确定的其他扣除。

③ 劳务报酬所得预扣税款和年度汇算清缴时，适用税率(或预扣率)的区别如下：

劳务报酬所得预扣税款时，适用三级超额累进预扣率。

劳务报酬所得年度汇算清缴时，适用七级超额累计税率。

5. (1) 税务机关要求甲公司限期缴纳税款的行为符合规定。税务机关有根据认为从事生产、经营的纳税人有逃避纳税义务行为的，可以在规定的纳税期之前，责令限期缴纳应纳税款。

(2) 税务机关责令甲公司提供纳税担保的行为符合规定。税务机关有根据认为从事生产、经营的纳税人有逃避纳税义务行为的，可以在规定的纳税期之前，责令限期缴纳应纳税款；在限期内发现纳税人有明显的转移、隐匿其应纳税的商品、货物以及其他财产或者应纳税的收入的迹象的，税务机关可以责成纳税人提供纳税担保。

(3) 税务机关扣押甲公司货物的行为不符合规定。如果纳税人不能提供纳税担保，经县级以上税务局(分局)局长批准，税务机关可以扣押相当于应纳税款的商品、货物。该案例中，审批权限不正确。

(4) 从事生产、经营的纳税人、扣缴义务人未按照规定的期限缴纳或者解缴税款，纳税担保人未按照规定的期限缴纳所担保的税款，由税务机关责令限期缴纳，逾期仍未缴纳的，经县以上税务局(分局)局长批准，税务机关可以采取下列强制执行措施：

① 书面通知其开户银行或者其他金融机构从其存款中扣缴税款；

② 扣押、查封、依法拍卖或者变卖其价值相当于应纳税款的商品、货物或者其他财产，以拍卖或者变卖所得抵缴税款。

该案例中，甲公司未在税务机关规定的期限内缴纳税款，并且没有提供纳税担保，由税务机关责令限期缴纳，逾期仍未缴纳的，税务机关可以采取强制执行措施。

第四部分　模拟试题及参考答案

税法(1～4 章)模拟试题(一)

得分	

一、单项选择题(本大题共 10 题,每题 1 分,共 10 分)

1	2	3	4	5	6	7	8	9	10

1. 区分不同税种的主要标志是(　　)。

A. 纳税义务人

B. 征税对象

C. 税率

D. 税目

2. 甲市的 A、B 两店为实行统一核算的连锁店。根据增值税法律制度的规定,A 店的下列经营活动中,不属于视同销售货物行为的是(　　)。

A. 将货物交付给位于乙市的某商场代销

B. 销售丙市某商场委托代销的货物

C. 将货物移送到 B 店用于销售

D. 为促销将本店货物无偿赠送给消费者

3. 根据增值税法律制度的规定,一般纳税人收取的下列款项中,应作为价外费用并入销售额计算增值税销项税额的是(　　)。

A. 受托加工应征消费税的消费品所代收代缴的消费税

B. 销售货物时收取的包装费

C. 销售货物的同时代办保险而向购买方收取的保险费

D. 向购买方收取的代购买方缴纳的车辆牌照费

4. 某金店是增值税的一般纳税人,2×20 年 8 月采取以旧换新方式销售纯金项链 10 条,每条新项链的不含税销售额为 4 000 元,收购旧项链的不含税金额为每条 2 000 元。根据增值税法律制度的规定,该笔业务的销项税额为(　　)元。

A. 6 800　　　　B. 5 200

C. 3 400　　　　D. 2 600

5. 下列关于营业税改征增值税适用税率的表述,正确的是(　　)。

A. 单位和个人提供的国际运输服务，税率为零
B. 提供的交通运输业服务，税率为7%
C. 单位和个人向境外单位提供的研发服务，税率为6%
D. 提供有形动产租赁服务，税率为6%
6. 企业发生的下列行为中，不需要缴纳消费税的是(　　)。
A. 用自产的应税消费品换取生产资料
B. 用自产的应税消费品赠送他人
C. 直接销售委托加工收回的已税的应税消费品
D. 在销售数量之外另付给购货方自产的应税消费品作为奖励
7. 下列各项中，不符合应税消费品销售数量规定的是(　　)。
A. 生产销售应税消费品的，为应税消费品的销售数量
B. 自产自用应税消费品的，为应税消费品的生产数量
C. 委托加工应税消费品的，为纳税人收回的应税消费品数量
D. 进口应税消费品的，为海关核定的应税消费品进口征税数量
8. 根据税法有关规定，下列说法不正确的是(　　)。
A. 远洋运输的光租业务按"现代服务业——有形动产租赁"征收增值税
B. 出租设备按"现代服务业——有形动产租赁"征收增值税
C. 航空运输的干租业务按"现代服务业——有形动产租赁"征收增值税
D. 转让土地使用权按"销售不动产"征收增值税
9. 根据增值税法律制度的规定，下列不属于混合销售行为的是(　　)。
A. 贸易公司销售货物的同时负责安装
B. 百货商店销售商品的同时负责安装
C. 集团公司下设酒店提供餐饮服务同时下设超市卖商品
D. 餐饮公司提供餐饮服务的同时销售酒水
10. 下列各项中，不应当计入进口货物关税完税价格的有(　　)。
A. 由买方负担的境外包装材料费用
B. 由买方负担的购货佣金
C. 由买方负担的境外包装劳务费用
D. 由买方负担的进口货物视为一体的容器费用

得分	

二、多项选择题(本大题共5小题，每小题2分，共10分)

1	2	3	4	5

1. 下列税种中，税收管辖权限属于中央的有(　　)。
A. 车辆购置税　　B. 土地增值税　　C. 消费税　　D. 资源税
2. 根据"营改增"相关规定，下列进项税额准予从销项税额中抵扣的有(　　)。
A. 购买汽车从4S店取得的税控机动车销售统一发票上注明的增值税税额

B. 进口化妆品从海关取得的海关进口增值税专用缴款书上注明的增值税额

C. 收购农产品，按照农产品收购发票上注明的农产品买价和9%的扣除率计算的进项税额

D. 接受的旅客运输服务

3. 根据增值税法律制度的规定，一般纳税人购进货物发生的下列情形中，进项税额不得从销项税额抵扣的有（　　）。

A. 用于厂房建设　　　　B. 用于个人消费

C. 用于集体福利　　　　D. 用于对外投资

4. 根据车辆购置税的规定，下列单位和个人中，属于车辆购置税纳税人的有（　　）。

A. 购买应税货车并自用的某外商投资企业

B. 进口应税小轿车并自用的某外贸公司

C. 获得奖励应税轿车并自用的李某

D. 受赠应税小型客车并自用的某学校

5. 某企业在计算企业所得税应税所得时，应计入收入总额的是（　　）。

A. 销售边角料收入40万元

B. 产品销售收入80万元

C. 国债利息收入5万

D. 抵债产品售价60万

得分	

三、判断题（本大题共10题，每题1分，共10分）

1	2	3	4	5	6	7	8	9	10

1. 单位或者个体工商户聘用的员工为本单位或者雇主提供加工、修理修配劳务，征收增值税。（　　）

2. 电力公司向发电企业收取的过网费征收增值税。（　　）

3. 委托加工的应税消费品收回后出售的，不论售价高低，均不再缴纳消费税。（　　）

4. 卫星电视信号落地转接服务，不征增值税。（　　）

5. 年应税销售额超过小规模纳税人标准的其他个人按小规模纳税人纳税。（　　）

6. 某增值税一般纳税人销售从农业生产者购进的自产谷物，其缴纳增值税时适用零税率。（　　）

7. 商业企业的“零售价”不含税。（　　）

8. 受托加工应征消费税的消费品所代收代缴的消费税属于价外费用。（　　）

9. 某农场占用苗圃修建公路，不缴纳耕地占用税。（　　）

10. 在南非开采并经香港加工的钻石，加工增值部分占钻石总值比例为20%，其原产地为香港。（　　）

得分	

四、计算题（本大题共4小题，每小题10分，共40分）

1. 甲企业（一般纳税人）销售给乙公司10 000件玩具，每件不含税价格为20元，由于乙公司购买数量多，甲企业按原价的8折优惠销售（销售业务开具了一张增值税专用发票，并且折扣额和销售额在“金额”栏分别注明），并提供1/10，n/20的销售折扣。乙公司于10日内付款，计算甲企业此项业务的销项税额。

2. 某啤酒厂销售A型啤酒20吨给副食品公司，开具税控专用发票收取价款58 000元收取包装物押金3 000元；销售B型啤酒10吨给宾馆，开具普通发票收取32 760元，收取包装物押金1 500元。计算该啤酒厂应缴纳的消费税税额。（A型啤酒消费税税率250元/吨，B型啤酒消费税税率220元/吨）。

3. 某企业将自产的高档化妆品用于春节福利，成本10 000元，成本利润率10%，计算此行为应缴纳：增值税和消费税？（消费税税率15%）。

4. 某公司从境外进口小轿车30辆，每辆小轿车货价15万元，运抵我国海关前发生的运输费用9万元、保险费用1.38万元。关税税率60%，消费税税率9%。分别计算进口环节缴纳的关税、消费税、增值税税额。

得分	

五、综合题（本大题共2小题，每小题15分，共30分）

1. 某农机生产企业为增值税一般纳税人，2×20年10月发生以下业务：

（1）外购原材料，取得普通发票上注明价税合计50 000元，原材料已入库，另支付给运输企业不含税运输费用3 000元，取得货运增值税专用发票。

（2）外购农机零配件，取得的增值税专用发票上注明价款140 000元，本月生产领用价值90 000元的农机零配件；另支付给运输企业不含税运输费用5 000元，取得货运增值税专用发票。

（3）9月份外购的钢材一批，成本70 000元（其中含运费成本2 790元）发生非正常损失，已抵扣进项税。

（4）销售农用机械一批，取得不含税销售额430 000元，另收取包装费和运输费15 000元。

（5）销售一批农机零部件，取得含税销售额39 000元。

（6）提供农机维修业务，开具的普通发票上注明价税合计35 100元。

企业取得的增值税专用发票均在当月通过认证并在当月抵扣。

根据上述资料，回答下列问题：

（1）计算2×20年9月该企业销项税额。

（2）计算2×20年9月该企业购进货物准予抵扣的进项税额。

（3）计算2×20年9月该企业应纳增值税税额。

2. 某日化企业（地处市区）为增值税一般纳税人，2×20年10月发生如下业务：

（1）与甲企业（地处县城）签订加工合同，为甲企业加工一批化妆品，甲企业提供的原材料成本26万元，加工结束后开具增值税专用发票，注明收取加工费及代垫辅助材料价款共计8万元、增值税1.04万元。

（2）进口一批化妆品作原材料，关税完税价格为63.75万元，关税税率为20%；支付海关监管区至公司仓库不含税运费2万元，取得货运增值税专用发票，本月生产领用进口化妆品的80%。

（3）将护肤品和化妆品组成成套化妆品销售，某大型商场一次购买240套，该日化企业开具增值税专用发票，注明金额48万元，其中包括护肤品18万元，化妆品30万元。

（4）销售其他化妆品取得不含税销售额150万元。

（5）将成本为1.4万元的新研制的化妆品赠送给消费者使用。（化妆品成本利润率为5%）

本月取得的相关票据均符合税法规定，并在本月认证抵扣。化妆品消费税税率15%。

根据上述资料回答下列问题。

（1）计算2×20年10月该企业受托加工化妆品应代收代缴消费税税额。

（2）计算2×20年10月该企业国内销售环节应纳增值税税额。

（3）计算2×20年10月该企业国内销售环节应纳消费税税额。

税法(1～4章)模拟试题(二)

得分	

一、单项选择题(本大题共10题,每题1分,共10分)

1	2	3	4	5	6	7	8	9	10

1. 下列关于税收法律关系的表述中,正确的是(　　)。
A. 税法是引起法律关系的前提条件,税法可以产生具体的税收法律关系
B. 税收法律关系中权利主体双方法律地位并不平等,双方的权利义务也不对等
C. 代表国家行使征税职责的各级国家税务机关是税收法律关系中的权利主体之一
D. 税收法律关系总体上与其他法律关系一样,都是由权利主体、权利客体两方面构成

2. 下列不属于适用零税率的国际运输劳务的是(　　)。
A. 在境内载运旅客或者货物出境
B. 在境外载运旅客或者货物入境
C. 在境外载运旅客或者货物
D. 在境内载运旅客或者货物

3. 纳税人委托个体经营者加工应税消费品,消费税应(　　)。
A. 由受托方代收代缴
B. 由委托方在受托方所在地缴纳
C. 由委托方收回后在委托方所在地缴纳
D. 由委托方在受托方或委托方所在地缴纳

4. 下列项目中,属于应征消费税的“小汽车”税目征收范围的是(　　)。
A. 电动汽车　　B. 高尔夫车
C. 中轻型商务客车　　D. 卡丁车

5. 实行复合计税征税办法的产品是(　　)。
A. 石脑油　　B. 啤酒
C. 粮食白酒　　D. 黄酒

6. 位于市区的某企业2×20年3月份共缴纳增值税、消费税和关税562万元,其中关税102万元,进口环节缴纳的增值税和消费税260万元。计企业3月份应缴纳的城市维护建设税(　　)万元。
A. 14.55　　B. 21.14　　C. 32.2　　D. 14

7. 下列经营者中,属于增值税建筑业服务纳税人的是(　　)。
A. 从事汽车修配业的个人
B. 单位销售木材的同时负责运输
C. 从事缝纫业务的个体户

D. 修缮房屋

8. 甲厂为增值税一般纳税人，2×20 年 3 月销售化学制品取得含增值税价款 226 万元，当月发生的可抵扣的进项税额 5.1 万元，上月月末留抵的进项税额 3.6 万元。已知增值税税率为 13%，甲厂当月应缴纳增值税税额为(　　)万元。

A. 30.4　　B. 28.9　　C. 34.68　　D. 17.3

9. 下列各项中，应作为城市维护建设税计税依据的有(　　)。

A. 纳税人被查补的增值税、消费税税额

B. 纳税人被查补的增值税、消费税滞纳金

C. 缴纳的进口产品增值税税额

D. 缴纳的进口产品消费税税额

10. 下列关税税率随进口商品价格由高到低而由低到高设置的是(　　)。

A. 从价税　　B. 滑准税

C. 从量税　　D. 复合税率

得分	

二、多项选择题(本大题共 5 小题，每小题 2 分，共 10 分)

1	2	3	4	5

1. 下列各项中，采用比例税率征收的是(　　)。

A. 关税　　B. 消费税

C. 城镇土地使用税　　D. 城市维护建设税

2. 下列项目属于营业税改征增值税行业的有(　　)。

A. 交通运输业　　B. 建筑业

C. 餐饮服务　　D. 鉴证咨询服务

3. 根据增值税法律制度的规定，一般纳税人销售的下列货物中，适用 9%的增值税税率的有(　　)。

A. 天然气　　B. 化肥

C. 杂志　　D. 淀粉

4. 下列有关进口货物原产地的确定，符合我国关税相关规定的有(　　)。

A. 从俄罗斯船只上卸下的海洋捕捞物，其原产地为俄罗斯

B. 在澳大利亚开采并经新西兰转运的铁矿石，其原产地为澳大利亚

C. 由台湾提供棉纱，在越南加工成衣，经澳门包装转运的西服，其原产地为越南

D. 在南非开采并经香港加工的钻石，加工增值部分占该钻石总值比例为 20%，其原产地为香港

5. 根据增值税法律制度的规定，下列各项中，免予缴纳增值税的有(　　)。

A. 果农销售自产水果　　B. 药店销售避孕药品

C. 王某销售自己使用过的空调　　D. 直接用于教学的进口设备

得分	

三、判断题（本大题共 10 题，每题 1 分，共 10 分）

1	2	3	4	5	6	7	8	9	10

1. 销售额和折扣额在同一张发票上的“金额”栏分别注明的，可按折扣后的销售额征收增值税。（　　）

2. 采取预收货款方式销售货物，纳税义务发生时间为货物发出的当天。（　　）

3. 一般纳税人销售旧货，按照简易办法依照 3%的征收率减按 2%征收增值税。（　　）

4. 农村居民经批准在户口所在地按照规定标准占用耕地，建设自用住宅，可以免征耕地占用税。（　　）

5. 卷烟批发企业在计算消费税时，可以扣除该批卷烟在生产环节已纳的消费税。（　　）

6. 旅客运输服务取得的相关发票可以作为进项税额的抵扣凭证。（　　）

7. 银行销售金银的业务应按金融服务缴纳增值税。（　　）

8. 纳税人将不动产无偿赠送其他单位或者个人的，不征收增值税。（　　）

9. 对销售除“啤酒、黄酒”外的其他酒类产品而收取的包装物押金，无论是否返还以及会计上如何核算，均应并入当期销售额中征税。（　　）

10. 货物运抵我国境内输入地点起卸前的运输及相关费用、保险费，应计入关税完税价格。（　　）

得分	

四、计算题（本大题共 4 小题，每小题 10 分，共 40 分）

1. 某化妆品生产企业，从国外进口一批化妆品香粉，关税完税价格为 60 000 元，缴纳关税 35 000 元。取得海关进口增值税专用缴款书当月已向税务机关申请并通过认证，计算该企业进口环节应缴纳的增值税税额。

2. 某酒厂 2×20 年 11 月份生产一种新的粮食白酒，对外赞助 0.5 吨，已知该种白酒无同类产品出厂价，生产成本每吨 40 000 元，成本利润率为 10%，粮食白酒定额税率为每斤 0.5元，比例税率为 20%。计算该厂当月应缴纳的消费税税额。

3. 某市烟草集团公司属增值税一般纳税人，持有烟草批发许可证，2010 年 3 月购进已税烟丝 800 万元（不含增值税），委托 M 企业加工甲类卷烟 500 箱（250 条/箱，200 支/条），M 企业每箱 0.1 万元收取加工费（不含税），当月 M 企业按正常进度投料加工生产卷烟 200 箱交由集团公司收回。

（说明：烟丝消费税率为 30%，甲类卷烟生产环节消费税为 56%加 0.003 元/支。）

要求：计算 M 企业当月应当代收代缴的消费税。

得分	

五、综合题（本大题共 2 小题，每小题 15 分，共 30 分）

1. 某酒厂为增值税一般纳税人，主要从事粮食白酒的生产和销售业务。2×20 年 3 月该厂发生以下经济业务：

(1) 5 日向农户购进其自产的粮食,开具的农产品收购发票上注明的价款为 50 000 元,货款以现金支付。

(2) 10 日外购一批包装材料,取得的增值税专用发票上注明的价款为150 000元,增值税税额为 19 500 元,货款已付;另外,运输该批包装材料向运输企业支付运费 2 000 元(不含税),取得承运企业开具的增值税专用发票。

(3) 26 日销售粮食白酒 5 吨,不含增值税的销售价格为 60 元/斤,另外向购货方收取包装物租金 22 600 元,款项已收讫。

(4) 30 日研发生产一种新型粮食白酒 800 公斤,成本为 20 万元,作为礼品赠送客户品尝,没有同类售价,已知粮食白酒的成本利润率为 10%。

已知:粮食白酒适用的消费税比例税率为 20%,定额税率为 0.5 元/斤;农产品收购发票和增值税专用发票已经向税务机关认定。

要求:根据上述资料,回答下列问题。

(1) 计算该酒厂当月应缴纳的消费税税额。

(2) 计算该酒厂当月应缴纳的增值税税额。

2. 甲酒厂 2×20 年 8 月从农业生产者手中收购粮食,共计支付收购价款60 000元。甲酒厂将收购的粮食从收购地直接运往异地的乙酒厂生产加工白酒,白酒加工完毕,企业收回白酒 8 吨,取得乙酒厂开具的增值税专用发票,注明加工费 25 000 元,代垫辅料价值 15 000 元,加工的白酒当地无同类产品市场价格。

要求:

(1) 计算乙酒厂应代收代缴的消费税。

(2) 计算乙酒厂应纳增值税。

税法（5～10章）模拟试题（一）

得分	

一、单项选择题（本大题共10题，每题1分，共10分）

1	2	3	4	5	6	7	8	9	10

1. 以下关于房产税纳税人和征税范围的说法，正确的是（　　）。
A. 房产税的征税对象是房屋和建筑物
B. 房产税不对外资企业征收
C. 房屋产权出典的，以承典人为纳税额人
D. 农民出租农村房屋也缴纳房产税
2. 下列企业既是增值税纳税人，又是资源税纳税人的是（　　）。
A. 进口铁矿石的贸易公司
B. 销售自产液体盐的盐场
C. 销售外购天然气的贸易公司
D. 在境外开采有色金属矿产品的企业
3. 下列各项中，不属于土地增值税免税范围的是（　　）。
A. 因国家建设需要依法征用、收回的房地产
B. 个人之间互换自有居住用房地产，已经当地税务机关核实的
C. 出让国有土地使用权
D. 因城市实施规划的需要而搬迁，由纳税人自行转让原房地产的
4. 下列各项中，能作为业务招待费税前扣除限额计算基数的是（　　）。
A. 让渡固定资产使用权的收入
B. 因债权人原因确实无法支付的应付款项
C. 转让无形资产所有权的收入
D. 出售固定资产的收入
5. 根据车船税的规定，下列表述不正确的是（　　）。
A. 依法应当在车船管理部门登记的机动车辆和船舶属于车船税的征收范围
B. 依法不需要在车船管理部门登记的机动车辆和船舶不属于车船税的征收范围
C. 在单位内部场所行驶的机动车辆和船舶属于车船税的征收范围
D. 在单位内部场所作业的机动车辆和船舶属于车船税的征收范围
6. 根据印花税的有关规定，下列各项中，属于印花税纳税义务人的有（　　）。
A. 签订购销合同的购买方　　B. 合同的担保人
C. 合同的证人　　D. 合同的鉴定人
7. A公司2×20年3月接受捐赠小汽车10辆自用，经税务机关审核，国家税务总局核

定的同类型应税车辆的最低计税价格为 100 000 元/辆，小汽车的成本为 80 000 元/辆，成本利润率为 8%，无法取得该类型车辆的购置价格。则 A 公司应缴纳车辆购置税(　　)元。

A. 86 400　　B. 80 000　　C. 93 919.14　　D. 100 000

8. 根据契税的规定，下列各项中，不属于契税征税范围的是(　　)。

A. 国有土地使用权出让

B. 农村集体土地承包经营权的转移

C. 以房产抵债

D. 以获奖方式承受土地、房屋权属

9. 根据个人所得税的有关规定，下列关于每次收入的确定，表述不正确的是(　　)。

A. 个人取得劳务报酬所得，凡属于同一事项连续性收入的，以一个月内取得的收入为一次

B. 个人的同一作品先出版后连载分别取得稿酬的，取得的所得应合并为一次

C. 个人取得特许权使用费所得，以某项使用权的一次转让所取得的收入为一次

D. 个人取得财产租赁所得，以一个月内取得的收入为一次

10. 某服装生产企业 2×20 年实现商品销售收入 1 700 万元，出租机器设备的租金收入 300 万元，接受捐赠收入 90 万元，转让商标所有权收入 300 万元，国债利息收入 50 万元。该企业当年实际发生广告费 320 万元。则该企业 2×20 年可在企业所得税前扣除的广告费为(　　)万元。

A. 300　　B. 320　　C. 345　　D. 367.5

得分	

二、多项选择题(本大题共 5 小题，每小题 2 分，共 10 分)

1	2	3	4	5

1. 根据企业所得税法的有关规定，企业将外购货物用于下列情形的，应当视同销售确认收入的有(　　)。

A. 不动产在建工程　　B. 奖励职工

C. 移送至境外分公司　　D. 抵偿债务

2. 下列各项中，属于资源税征税范围的有(　　)。

A. 天然原油　　B. 黑色金属矿原矿

C. 洗煤、选煤　　D. 与原油同时开采的天然气

3. 纳税人在转让旧房时缴纳的下列税金中，在计算土地增值税时，准予作为“与转让房地产有关的税金”扣除的有(　　)。(均能提供完税证明)

A. 购房时缴纳的契税　　B. 转让时缴纳的印花税

C. 转让时缴纳的增值税　　D. 转让时缴纳的城市维护建设税

4. 下列各项中，应向产权承受人征收契税的有(　　)。

A. 甲以价值 50 万元的小汽车交换乙价值 50 万元的房屋

B. 以自有房产作股投入本人独资经营的企业

C. 买房拆料

D. 以预购方式承受土地、房屋权属

5. 根据个人所得税的有关规定，下列说法中正确的有(　　)。

A. 个人拍卖除文字作品手稿原件及复印件之外的其他财产取得的所得，按照“财产转让所得”项目计算缴纳个人所得税

B. 个人将自己的文字作品手稿原件拍卖取得的所得，按照“财产转让所得”项目计算缴纳个人所得税

C. 个人取得单张有奖发票奖金所得不超过 10 000 元的，暂免征收个人所得税

D. 对个人转让限售股取得的所得，按照“财产转让所得”项目计算缴纳个人所得税

得分	

三、判断题(本大题共 10 题，每题 1 分，共 10 分)

1	2	3	4	5	6	7	8	9	10

1. 煤炭生产的天然气征收资源税。 (　　)

2. 城镇土地使用税采用地区差别的定额税率。 (　　)

3. 加工承揽合同、货物运输合同使用的税率是 5‱。 (　　)

4. 耕地占用税征税范围包括纳税人为建房和从事其他非农建设占用国家和集体的耕地。 (　　)

5. 根据企业所得税法的规定，企业的公益性捐赠支出允许税前据实扣除。 (　　)

6. 购买车辆缴纳车购税的税率是 20%。 (　　)

7. 个人独资、合伙企业缴纳企业所得税。 (　　)

8. 独生子女补贴、托儿补助费、差旅费津贴、误餐补助不属于工资薪金所得，不缴纳个人所得税。 (　　)

9. 财政拨款收入属于企业所得税的不征税收入。 (　　)

10. 纳税人购置存量房，自办理房屋权属转移、变更登记手续，房地产权属登记机关签发房屋权属证书之次月起缴纳房产税。 (　　)

得分	

四、计算题(本大题共 5 小题，每小题 8 分，共 40 分)

1. 某油田 2×20 年 10 月开采原油 1 000 吨，销售 600 吨，在开采原油过程中加热、修井使用原油 50 吨，已知每吨原油含增值税的售价为 5 850 元，原油适用的资源税税率为 5%，计算该油田当月应缴纳的资源税税额。

2. 某企业 2×20 年年初委托施工企业建造厂房一幢，3 月末办理验收手续，厂房入账原值 1 200 万元，3 月 31 日将原值为 600 万元的旧厂房对外投资联营，不承担联营风险，当年收取固定收入 20 万元。已知当地省政府规定计算房产余值的减除比例为 20%，计算 2×20 年该企业上述房产应缴纳房产税税额。

3. 某作家出版了中篇小说一部，取得稿酬 5 000 元，同年该小说在一家晚报上连载，取

得稿酬 3 800 元，该作家应纳个人所得税多少？

4. 2×20 年 12 月，甲企业签订了两份加工合同：其中一份受托为乙企业加工一批服装，合同注明甲企业提供价值 30 万元的原材料，并向乙企业收取加工费 5 万元；另一份受托为丙企业加工一批料件，合同注明丙企业提供原材料价值 16 万元，甲企业提供辅助材料 4 万元，收取加工费 5 万元。已知购销合同印花税税率为0.3‰，加工承揽合同印花税税率为0.5‰。甲企业当月应缴纳印花税税额。

5. 张某 2×20 年年初购买 80 平方米的普通住房一栋（家庭唯一住房），合同规定的总价款为 150 万元，采用分期付款方式分 10 年支付，假定当年支付价款 15 万元，计算张某当年应缴纳契税税额。

得分	

五、业务题（本大题共 1 小题，每小题 30 分，共 30 分）

1. 某居民企业系增值税一般纳税人，2×20 年取得商品销售收入 5 500 万元，转让固定资产的净收益 50 万元，投资收益 80 万元；发生商品销售成本 2 200 万元，营业税金及附加 120 万元，发生销售费用 1 900 万元，管理费用 960 万元，财务费用 180 万元，营业外支出 100 万元，实现利润总额 170 万元，企业自行计算缴纳企业所得税税额＝170×25%＝42.5（万元）。经注册会计师审核，发现 2×13 年该企业存在如下问题：

（1）销售费用中含广告费 800 万元，业务宣传费 300 万元；12 月购进一台符合《安全生产专用设备企业所得税优惠目录》规定的安全生产专用设备，取得增值税专用发票上注明价款 30 万元、增值税 5.1 万元，当月投入使用，企业将该设备购买价款 30 万元一次性在销售费用中列支。

（2）管理费用中含业务招待费 80 万元，支付给其他企业租金 30 万元。

（3）财务费用中含支付给银行的借款利息 60 万元、逾期罚息 10 万元。

（4）营业外支出中含通过公益性社会团体向灾区捐款 65 万元，因违反合同约定支付给其他企业违约金 30 万元，因违反工商管理规定被工商局处以罚款 5 万元。

（5）投资收益中含国债利息收入 10 万元；从境外 A 国子公司分回税后收益 45 万元，A 国政府规定的所得税税率为 30%；从境外 B 国子公司分回税后投资收益 25 万元，B 国政府规定的所得税税率为 20%。

（6）已计入成本、费用中的全年实发合理的工资总额为 400 万元，实际拨缴的工会经费 6 万元，发生职工福利费 60 万元、职工教育经费 15 万元。

要求：根据上述资料，回答下列问题。

（1）计算该居民企业准予在企业所得税前扣除的广告费和业务宣传费金额。

（2）计算该居民企业准予在企业所得税前扣除的管理费用金额。

（3）计算该居民企业准予在企业所得税前扣除的营业外支出金额。

（4）该居民企业计算应纳税所得额时，工资总额、工会经费、职工福利费和职工教育经费应调整应纳税所得额的金额。

（5）计算该居民企业 2×20 年度境内应纳税所得额。

（6）计算该居民企业境外所得应在我国补缴的企业所得税税额。

（7）计算该居民企业应补（退）企业所得税税额。

税法(5～10章)模拟试题(二)

得分	

一、单项选择题(本大题共10题,每题1分,共10分)

1	2	3	4	5	6	7	8	9	10

1. 2×20年2月,某采选矿联合企业自身拥有镍矿石矿,到异地收购同矿种未税镍矿石。在计算代扣代缴资源税时,该矿石适用的税率是(　　)。

A. 税务机关核定的单位税额

B. 镍矿石收购地适用的单位税额

C. 镍矿石原产地适用的单位税额

D. 该联合企业适用的镍矿石单位税额

2. 经省、自治区、直辖市人民政府批准,经济发达地区土地使用税的适用税额标准可以适当提高,但提高额(　　)。

A. 不得超过《土地增值税暂行条例》规定最高税额的20%

B. 不得超过《土地增值税暂行条例》规定最高税额的30%

C. 不得超过《土地增值税暂行条例》规定最高税额的50%

D. 需报财政部批准

3. 下列各项中,属于土地增值税征收范围的是(　　)。

A. 房地产的出租行为

B. 房地产的抵押行为

C. 房地产的重新评估行为

D. 公司与公司之间互换房产

4. 以下关于房产税纳税人和征税范围的说法正确的是(　　)。

A. 房产税的征税对象是房屋和建筑物

B. 产权属于国家所有的,免纳房产税

C. 无租使用其他单位房产的单位和个人,使用人代为缴纳房产税

D. 农民出租农村的房屋也应缴纳房产税

5. 某航运公司2×20年拥有机动船4艘,每艘净吨位为3 000吨;拖船1艘,发动机功率为1 500千瓦。机动船舶车船税计税标准为净吨位201吨至2 000吨的,每吨4元;净吨位2 001吨至10 000吨的,每吨5元。该航运公司2×20年应缴纳车船税税额(　　)元。

A. 61 800　　B. 62 010　　C. 63 000　　D. 64 020

6. 2×20年7月,张某从汽车销售公司(增值税一般纳税人)购买轿车一辆供自己使用,支付含增值税的价款351 000元,另随购买车辆支付工具件价款2 000元、零部件价款1 000元,车辆装饰费5 000元,控购费3 000元,汽车销售公司代收保险费9 000元(由汽车销售公

司开具统一发票)。则张某应缴纳车辆购置税税额(　　)元。

A. 30 683.76　　B. 30 940.17　　C. 31 452.99　　D. 31 709.40

7. 李某在2×20年4月将一处房产出租给别人居住(已签订合同)。下列各项税务处理中,正确的是(　　)。

A. 应按4%的税率缴纳房产税

B. 应按0.05%的税率缴纳印花税

C. 应按20%的税率缴纳个人所得税

D. 应按12%税率缴纳房产税

8. 下列各项中,应向产权承受人征收契税的有(　　)。

A. 甲以价值50万元的小汽车交换乙价值50万元的房屋

B. 以自有房产作股投入本人独资经营的企业

C. 买房拆料

D. 以预购方式承受土地、房屋权属

9. 我国境内某作家2×20年出版一部长篇小说,4月份取得出版社预付稿酬6 000元,8月份该小说正式出版发行,当月取得稿酬20 000元。因该部小说热销,10月份追加印数又取得稿酬3 800元。该作家以上收入应预缴个人所得税(　　)元。

A. 3 332　　B. 3 337.6　　C. 4 060　　D. 4 172

10. 下表为经税务机关审定的某国有工业企业7年应纳税所得额情况,假设该企业资产总额2 000万元,从业人数80人,一直执行5年亏损弥补规定,则该企业7年间需缴纳企业所得税税额是(　　)万元。

单位:万元

年度	2×07	2×08	2×09	2×10	2×11	2×12	2×13
应纳税所得额	−100	10	−20	30	20	30	25

A. 0　　B. 1

C. 1.25　　D. 2

得分	

二、多项选择题(本大题共5小题,每小题2分,共10分)

1	2	3	4	5

1. 以下关于我国车船税税目税率的表述中,正确的有(　　)。

A. 车船税实行定额税率

B. 客货两用汽车按照货车征税

C. 挂车和拖拉机按照货车税额的70%计算

D. 拖船和非机动驳船分别按机动船舶税额的50%计算

2. 下列各项中,应征资源税的有(　　)。

A. 开采的大理石　　B. 进口的原油

C. 开采的煤矿瓦斯　　　　　　　　D. 生产用于出口的卤水

3. 转让旧房产，计算其土地增值税增值额时准予扣除的项目有（　　）。

A. 旧房产的评估价格　　　　　　　B. 支付评估机构的费用

C. 建造旧房产的重置成本　　　　　D. 转让环节缴纳的各种税费

4. 以下关于企业所得税纳税人的规定中，不正确的有（　　）。

A. 我国企业所得税居民企业的判定标准有登记注册地标准和总机构所在地标准

B. 非居民企业发生在我国境外的所得一律不在我国缴纳企业所得税

C. 居民企业就其世界范围的所得在我国申报纳税

D. 未在我国境内设立机构场所的非居民企业不需要在我国纳税

5. 下列有关房产税税率的表述中，符合现行规定的有（　　）。

A. 工厂拥有并使用车间适用 1.2%的房产税税率

B. 个体户房屋用于自办小卖部的适用 1.2%的房产税税率

C. 个人出租住房用于美容机构开设连锁店的适用 12%的房产税税率

D. 个人出租住房，不区分用途，按照 4%的房产税优惠税率计税

得分	

三、判断题（本大题共 10 题，每题 1 分，共 10 分）

1	2	3	4	5	6	7	8	9	10

1. 纳税人应纳的资源税，应当向应税资源的开采或生产所在地主管税务机关缴纳。（　　）

2. 纳税人购置新建商品房，自房屋交付使用之次月起缴纳房产税。（　　）

3. 财政拨付事业经费单位的食堂用地，免征城镇土地使用税。（　　）

4. 对个人出租住房，不区分用途，按 4%的税率征收房产税。（　　）

5. 在中国境内设有机构场所，但所得与机构场所没有实际联系的非居民企业，适应 25%的企业所得税税率。（　　）

6. 在中国境内设立机构的非居民企业连续持有上市公司股票不足 12 个月取得的投资收益，属于企业所得税免税收入。（　　）

7. 个人将自己的文字作品手稿原件拍卖取得的所得，按照“财产转让所得”项目计算缴纳个人所得税。（　　）

8. 以房地产抵债而尚未发生房地产权属转让的不征收土地增值税。（　　）

9. 以房产联营投资，共担经营风险的，投资方不再计征房产税。（　　）

10. 企业支付的违约金在计算应纳税所得额时不可以扣除。（　　）

得分	

四、计算题（本大题共 4 小题，每小题 10 分，共 40 分）

1. 某井矿盐场 2×20 年 5 月外购液体盐 2 000 吨用于固体盐的加工，支付含税款项 105.3 万元，取得增值税专用发票，当期自行开采液体盐 5 000 吨，上述外购和自产的液体盐

全部投入固体盐生产，当月该盐场销售固体盐 3 000 吨，取得不含税销售额 200 万元。计算当月应纳的资源税和增值税税额的合计数(假定固体盐单位税额为 10 元/吨；液体盐单位税额 2 元/吨)。

2. 某企业拥有 A，B 两栋房产，A 栋自用，B 栋出租。A，B 两栋房产在 2×20 年 1 月 1 日时的原值分别为 1 200 万元和 1 000 万元，2×20 年 4 月底 B 栋房产租赁到期。自 2×20 年 5 月 1 日起，该企业由 A 栋搬至 B 栋办公，同时对 A 栋房产开始进行大修至年底完工。企业出租 B 栋房产的月租金为 10 万元，地方政府确定按房产原值减除 20%的余值计税，计算企业当年应缴纳房产税税额。

3. 某交通运输企业 2×20 年 12 月签订以下合同：①与某银行签订融资租赁合同购置新车 15 辆，合同载明租赁期限为 3 年，每年支付租金 100 万元；②与某客户签订货物运输合同，合同载明货物价值 500 万元，运输费用 55 万元(含装卸费 5 万元)；③与某运输企业签订租赁合同，合同载明将本企业闲置的总价值 300 万元的 10 辆货车出租，每辆车月租金 4 000 元，租期未定；④与某保险公司签订保险合同，合同载明为本企业的 50 辆车上第三方责任险，每辆车当年支付保险费 4 000 元，计算企业当月应缴纳的印花税税额。

4. 2×20 年某居民企业实现产品销售收入 1 300 万元，视同销售收入 400 万元，发生的成本费用总额 1 600 万元，其中业务招待费支出 20 万元。假定不存在其他调整事项，计算 2×20 年该企业应纳企业所得税税额。

得分	

五、业务题(本大题共 2 小题，每小题 15 分，共 30 分)

1. 位于市区的 A 房地产开发企业受让一宗土地使用权用于开发办公楼，支付地价款和相关税费共计 2 800 万元。开发期间支付建筑企业工程款 2 700 万元(合同规定工程总价款 3 000 万元，当期实际支付总价款的 90%，剩余的 10%作为质量保证金留存 2 年，建筑企业按照工程总价款开具了发票)。项目竣工后，将办公楼销售给当地的 B 工业企业，销售金额共计 9 000 万元。签订的销售合同载明，B 企业支付货币资金 8 000 万元，另将一宗未作任何开发的土地使用权作价 1 000 万元转让给 A 企业，签订产权转移合同。该项土地使用权为 B 企业 3 年前以 560 万元购入，购入时支付相关税费 23 万元。转让房产过程中交纳的城建税和教育费附加 495 万元。

说明：当地政府规定房地产开发费用的扣除比例为 8%，不考虑地方教育附加。

要求：根据上述资料，回答下列问题。

(1) 计算 A 房地产开发企业和 B 企业签订的销售合同应缴纳的印花税税额。

(2) 计算 A 房地产开发企业销售办公楼应缴纳的土地增值税税额。

(3) 计算 B 工业企业转让土地使用权应缴纳的土地增值税税额。

2. 约翰为在中国境内某外商投资企业工作的外籍人士，在中国境内无住所，其所在国与中国签订了税收协定，约翰已经在中国境内居住满 5 年，2×13 年是其在中国境内居住的第 6 年且居住满 1 年，取得收入情况如下：

(1) 每月从中国境内任职企业取得的工资收入 25 000 元；从境外取得工资收入折合人民币 15 000 元，不能提供在中国境外同时任职的证明。

(2) 当年约翰回国探亲两次，分别是 5 月 5 日离境、5 月 26 日返回；12 月 1 日离境，12

月 10 日返回。两次探亲从境内任职企业取得探亲费各 18 000 元(经当地税务机关审核批准全部合理)。

(3) 1～6 月在某报刊上连载一部小说,每月取得稿酬 2 000 元;7 月将连载完成的该小说以图书形式出版,取得稿酬 30 000 元。

(4) 将祖传的一件艺术品拍卖,取得收入 650 000 元,拍卖过程中发生相关的合理税费为 50 000 元,已知为收藏该艺术品而发生费用 120 000 元。

(5) 从境内某外商投资企业取得红利所得 12 000 元。

要求:根据上述资料,回答下列问题。

(1) 约翰取得的工资收入和探亲费应缴纳的个人所得税税额。

(2) 约翰取得的稿酬所得应缴纳的个人所得税税额。

(3) 约翰拍卖祖传的艺术品应缴纳的个人所得税税额。

(4) 约翰取得的红利所得应缴纳的个人所得税税额。

税法(1~4章)模拟试题(一)参考答案

一、**单项选择题**(本大题共10小题、每小题1分、共10分)

1	2	3	4	5	6	7	8	9	10
B	C	B	D	A	C	B	D	C	B

二、**多项选择题**(本大题共5小题、每小题2分、共10分)

1	2	3	4	5
AC	BC	ABC	ABCD	ABCD

三、**判断题**(本大题共10小题、每小题1分、共10分)

1	2	3	4	5	6	7	8	9	10
×	√	×	×	√	×	×	×	×	×

四、**计算题**(本大题共4小题,每小题10分,共40分)

1. 商业折扣,折扣额和销售额在“金额”栏分别注明,按折扣后金额计税;现金折扣按折扣前金额计税。 (4分)

销项税额=10 000×20×0.8×13%=20 800(元) (6分)

2. A型啤酒的单位售价=(58 000+3 000÷1.17)÷20=3 028.21(元/吨),适用消费税额是250元/吨,应纳消费税税额=20×250=5 000(元); (5分)

B型啤酒的单位售价=(32 760+1 500)÷1.17÷10=2 928.21(元/吨),适用消费税额是220元/吨,应纳消费税税额=10×220=2 200(元)。

该啤酒厂应缴纳的消费税=5 000+2 200=7 200(元) (5分)

3. 组成计税价格$=\dfrac{10\ 000\times(1+10\%)}{1-15\%}=12\ 941.18$(元) (5分)

增值税=12 941.18×13%=1 682.35(元)

消费税=12 941.18×15%=1 941.18(元) (5分)

4. 进口小轿车关税完税价格=450+9+1.38=460.38(万元) (1分)

进口小轿车应缴纳的关税=460.38×60%=276.23(万元) (2分)

消费税组成计税价格=(460.38+276.23)÷(1−9%)=809.46(万元) (3分)

应缴纳消费税=809.46×9%=72.85(万元) (2分)

应缴纳增值税=809.46×13%=105.23(万元) (2分)

五、**综合题**(本大题共2小题,每小题15分,共30分)

1. 业务1:进项税额=3 000×9%=270(元)

业务2:进项税额=140 000×13%+5 000×9%=18 650(元) (2分)

业务3:进项税额转出=(70 000−2 790)×13%+2 790×9%=8 988.4(元) (3分)

业务 4:销项税额=430 000×9%+15 000÷(1+9%)×9%=39 938.53(元)　(2 分)

业务 5:销项税额=39 000÷(1+13%)×13%=4 486.73(元)　(2 分)

业务 6:销项税额=35 100÷(1+13%)×13%=4 038.05(元)　(2 分)

2×20 年 9 月该企业销项税额=39 938.53+4 486.73+4 038.05=48 463.31(元)　(1 分)

2×20 年 9 月该企业购进货物准予抵扣的进项税额=270+18 650=18 920(元)　(1 分)

2×20 年 9 月该企业应纳增值税税额=48 463.31−(18 920−8 988.4)=38 531.71(元)　(2 分)

2. 业务 1:企业受托加工业务应收扣代缴消费税税额为:(26+8)÷(1−15%)×15%=6(万元)应纳增值税销项税额为 1.04 万元　(2 分)

业务 2:进口组价=(63.75+63.75×20%)÷(1−15%)=90(万元)　(2 分)

进口增值税税额=90×13%=11.7(万元)　(1 分)

本业务产生的进项税额=11.7+2×9%=11.88(万元)　(1 分)

进口消费税税额=90×15%=13.5(万元)　(1 分)

业务 3:组成成套化妆品出售,销项税额=48×13%=6.24(万元)　(1 分)

消费税税额=48×15%=7.2(万元)　(1 分)

业务 4:销售其他化妆品的销项税额=150×13%=19.5(万元)　(1 分)

销售其他化妆品的消费税税额=150×15%=22.5(万元)　(1 分)

业务 5:将自产化妆品对外赠送,视同销售,销项税额=1.4×(1+5%)÷(1−15%)×13%=0.22(万元)　(1 分)

消费税税额=1.4×(1+5%)÷(1−15%)×15%=0.26(万元)　(1 分)

国内销售应纳增值税税额=1.04+6.24+19.5+0.22−11.88=15.12(万元)　(1 分)

国内销售应纳消费税税额=0.26+22.5+7.2−13.5×80%=19.16(万元)　(1 分)

税法(1~4 章)模拟试题(二)参考答案

一、单项选择题(本大题共 10 小题、每小题 1 分、共 10 分)

1	2	3	4	5	6	7	8	9	10
C	D	C	C	C	D	D	D	A	B

二、多项选择题(本大题共 5 小题、每小题 2 分、共 10 分)

1	2	3	4	5
AD	ABCD	ABC	ABC	ABCD

三、判断题(本大题共 10 小题、每小题 1 分、共 10 分)

1	2	3	4	5	6	7	8	9	10
√	√	√	×	×	√	×	×	√	√

四、计算题(本大题共4小题,每小题10分,共40分)

1. 进口香粉组价=(60 000+35 000)÷(1−15%)=111 764.71 (元) (5分)

进口香粉应纳增值税税额=111 764.71×13%=14 529.41(元) (5分)

2. 从量税税额=0.5×2 000×0.5=500(元) (4分)

从价税税额=[0.5×40 000×(1+10%)+500]÷(1−20%)×20%=5 625(元) (4分)

应纳消费税税额=500+5 625=6 125(元) (2分)

3. 代收代缴的消费税=(800×200÷500+0.1×200+200×0.015)/(1−0.56)×0.56+200×0.015=439.55(万元) (10分)

五、综合题(本大题共2小题,每小题15分,共30分)

1. 视同销售新型粮食白酒组成计税价格=[20×(1+10%)+800×2×0.5÷10 000]÷(1−20%)=27.60(万元) (3分)

当月增值税销项税额=5×2 000×60×13%+22 600÷(1+13%)×13%+276 000×13%=116 480(元)=11.648(万元) (3分)

当月增值税的进项税额=50 000×9%+19 500+2 000×9%=24 180(元)=2.418(万元) (2分)

当月应缴纳的增值税税额=11.648−2.418=9.23(万元) (1分)

当月销售业务应缴纳的消费税税额=5×2 000×60×20%+22 600÷(1+13%)×20%+5×2 000×0.5=129 000(元)=12.9(万元) (3分)

视同销售新型粮食白酒应纳消费税额=27.6×20%+800×2×0.5÷10 000=5.60(万元) (2分)

当月应缴纳的消费税税额合计=12.9+5.6=18.5(万元) (1分)

2. (1) 乙酒厂应代收代缴的消费税=8×2 000×0.5+[60 000×(1−13%)+(25 000+15 000)+8 000]÷(1−20%)×20%=33 050(元) (10分)

(2) 乙酒厂应纳增值税=(25 000+15 000)×13%=5 200(元) (5分)

税法(5~10章)模拟试题(一)参考答案

一、单项选择题(本大题共10小题、每小题1分、共10分)

1	2	3	4	5	6	7	8	9	10
C	B	C	A	B	A	D	B	B	A

二、多项选择题(本大题共5小题、每小题2分、共10分)

1	2	3	4	5
BCD	ABCD	ABD	ACD	AD

三、判断题(本大题共10小题、每小题1分、共10分)

1	2	3	4	5	6	7	8	9	10
×	√	√	√	×	×	×	√	√	√

四、计算题(本大题共 5 小题，每小题 8 分，共 40 分)

1. 开采原油过程中用于加热、修井的原油，免征资源税。资源税的计税销售额为纳税人销售应税产品向购买方收取的全部价款和价外费用，但不包括收取的增值税销项税额。(3 分)

该油田当月应缴纳的资源税税额＝600×5 850÷(1＋13%)×5%＝155 309.73(元)。(5 分)

2. 以房产投资，收取固定收入，不承担联营风险的，实际是以联营名义取得房产租金，应按照租金收入计算缴纳房产税。2×13 年该企业上述房产应缴纳房产税税额＝1 200×(1－20%)×1.2%×9/12＋600×(1－20%)×1.2%×3/12＋20×12%＝12.48(万元)。(8 分)

3. 该作家应纳个人所得税税额＝5 000×(1－20%)×20%×(1－30%)＋(3 800－800)×20%×(1－30%)＝980(元)　(8 分)

4. 加工承揽合同：(1) 对于由受托方提供原材料的加工、定做合同，凡在合同中分别记载加工费金额和原材料金额的，应分别按“加工承揽合同”“购销合同”计税，两项税额相加数，即为合同应贴印花；若合同中未分别记载，则应就全部金额依照加工承揽合同计税贴花。

(2) 对于由委托方提供主要材料或原料，受托方只提供辅助材料的加工合同，无论加工费和辅助材料金额是否分别记载，均以辅助材料与加工费的合计数，依照“加工承揽合同”计税贴花。对委托方提供的主要材料或原料金额不计税贴花。甲企业应缴纳印花税税额＝(30×10 000×0.3‰＋5×10 000×0.5‰)＋(4＋5)×10 000×0.5‰＝115＋45＝160(元)。

(8 分)

5. 对个人购买 90 平方米及以下普通住房，且该住房属于家庭唯一住房的，减按 1% 税率征收契税；采取分期付款方式购买房屋附属设施土地使用权、房屋所有权的，应按合同规定的总价款计征契税；张某当年应缴纳契税税额＝150×1%＝1.5(万元)。(8 分)

五、业务题(本大题共 1 小题，第 1 小题 30 分，共 30 分)

1. (1) 广告费和业务宣传费税前扣除限额＝5 500×15%＝825(万元)，实际发生广告费和业务宣传费＝800＋300＝1 100(万元)＞825 万元，所以准予在企业所得税前扣除的广告费和业务宣传费为 825 万元。(5 分)

(2) 业务招待费税前扣除限额＝5 500×5‰＝27.5(万元)，实际发生额的 60%＝80×60%＝48(万元)＞27.5 万元，所以只能税前扣除业务招待费 27.5 万元。支付给其他企业的租金，允许在税前扣除。准予在企业所得税前扣除的管理费用＝960－80＋27.5＝907.5(万元)。(5 分)

(3) 购买安全生产专用设备的支出，应计入固定资产的成本，不能一次性在销售费用中列支，所以利润总额要调增 30 万元。公益性捐赠支出税前扣除限额＝(170＋30)×12%＝24(万元)，实际发生公益性捐赠支出 65 万元＞24 万元，准予在税前扣除的公益性捐赠支出为 24 万元。因违反合同约定支付给其他企业的违约金，可以在税前扣除。违反工商管理规定被工商局处以的罚款，属于行政性质的罚款，不得在税前扣除。所以准予在税前扣除的营业外支出金额＝100－65＋24－5＝54(万元)。(4 分)

(4) 企业实际发生的合理的工资允许在税前据实扣除。工会经费税前扣除限额＝400×2%＝8(万元)，实际拨缴的 6 万元没有超过限额，可以在税前据实扣除。职工福利费税前扣除限额＝400×14%＝56(万元)＜实际发生的 60 万元，只能在税前扣除 56 万元，应调增应纳税所得额＝60－56＝4(万元)。职工教育经费税前扣除限额＝400×2.5%＝10(万元)＜实际发生的15万元，只能在税前扣除10万元，应调增应纳税所得额＝15－10＝5(万元)。工资总额、工会经费、职工福利费和职工教育经费共应调增应纳税所得额＝4＋5＝9(万元)。

(4分)

(5) 支付给银行的利息和罚息，可以在税前扣除，国债利息收入免征企业所得税。该居民企业2×13年度境内应纳税所得额＝170＋(1 100－825)＋30＋(960－907.5)＋(100－54)－10－45－25＋9＝502.5(万元)。 (4分)

(6) 境外A国所得的抵免限额＝45÷(1－30%)×25%＝16.07(万元)，实际在A国缴纳的税额＝45÷(1－30%)×30%＝19.29(万元)，由于在境外A国实际缴纳的税额超过了抵免限额，所以可以全额抵免，不需要在我国补税；境外B国所得的抵免限额＝25÷(1－20%)×25%＝7.81(万元)，实际在B国缴纳的税额＝25÷(1－20%)×20%＝6.25(万元)，需要在我国补税税额＝7.81－6.25＝1.56(万元) (4分)

该居民企业境外所得应在我国补缴的企业所得税税额为1.56万元。

(7) 企业购置并实际使用符合《安全生产专用设备企业所得税优惠目录》规定的安全生产专用设备的，该专用设备的投资额的10%可以从企业当年的应纳税额中抵免，当年不足抵免的，可以在以后5个纳税年度结转抵免；可抵免的应纳税额＝30×10%＝3(万元)该居民企业应补缴企业所得税税额＝502.5×25%＋1.56－3－42.5＝81.69(万元)。 (4分)

税法(5～10章)模拟试题(二)参考答案

一、单项选择题(本大题共10小题、每小题1分、共10分)

1	2	3	4	5	6	7	8	9	10
D	D	D	C	B	C	A	B	B	B

二、多项选择题(本大题共5小题、每小题2分、共10分)

1	2	3	4	5
ABD	AD	ABD	ABD	ABD

三、判断题(本大题共10小题、每小题1分、共10分)

1	2	3	4	5	6	7	8	9	10
√	√	√	√	×	×	×	√	√	×

四、计算题(本大题共4小题，每小题10分，共40分)

1. 应纳资源税税额＝3 000×10－2 000×2＝30 000－4 000＝26 000(元) (5分)

应纳增值税税额＝200×13%－105.3÷(1＋13%)×13%＝26－12.11＝13.89(万元)

(4分)

合计缴纳资源税和增值税税额＝2.6＋13.89＝16.49(万元)。 (1分)

2. 应纳房产税税额＝10×4×12%＋1 200×(1－20%)×1.2%×4÷12＋1 000×(1－

20%)×1.2%×8÷12=4.8+3.84+6.4=15.04(万元)。(10分)

3. 该企业当月应缴纳的印花税税额:

1 000 000×3×0.05‰+(550 000−50 000)×0.5‰+5+4 000×50×1‰=150+250+5+200=605(元)。(10分)

4. 业务招待费税前扣除限额的计算:(1 300+400)×5‰=8.5(万元)<20×60%=12(万元); (5分)

调增应纳税所得额 20−8.5=11.5(万元); (3分)

应纳税所得额=1 300+400−1 600+11.5=111.5(万元)

应纳企业所得税税额=111.5×25%=27.875(万元) (2分)

五、业务题(本大题共2小题,每小题15分,共30分)

1. (1) A房地产开发企业和B企业签订的销售合同应缴纳印花税=9 000×0.5‰+1 000×0.5‰=5(万元) (3分)

(2) 房地产开发费用=(2 800+3 000)×8%=464(万元),扣除项目金额=2 800+3 000+464+495+(2 800+3 000)×20%=7 919(万元),增值额=9 000−7 919=1 081(万元) (3分)

增值率=1 081÷7 919×100%=13.65%,适用税率为30%。A房地产开发企业销售办公楼应缴纳土地增值税税额=1 081×30%=324.3(万元) (5分)

(3) B企业转让土地使用权的扣除项目金额=560+23+(1 000−560)×5%×(1+7%+3%)+1 000×0.5‰=607.7(万元),增值额=1 000−607.7=392.3(万元),增值率=392.3÷607.7×100%=64.55%,适用税率40%,速算扣除系数5%。B工业企业转让土地使用权应缴纳土地增值税税额=392.3×40%−607.7×5%=126.54(万元) (4分)

2. (1) 约翰在我国居住满5年,且第6年居住满1年,要就其境内、境外全部所得在我国缴纳个人所得税。外籍个人取得经当地税务机关审核批准为合理的探亲费免征个人所得税。约翰取得的工资收入和探亲费应缴纳的个人所得税税额=(25 000+15 000−4 800)×30%−2 755=7 805(元)。 (5分)

(2) 同一作品在报刊上连载的,以连载完成后的所有收入合并为一次,计征个人所得税。同一作品先在报刊上连载,然后再出版的,应视为两次稿酬所得征收个人所得税。约翰取得的稿酬所得应缴纳的个人所得税税额=2 000×6×(1−20%)×20%×(1−30%)+30 000×(1−20%)×20%×(1−30%)=1 344+3 360=4 704(元)。 (5分)

(3) 约翰拍卖祖传的艺术品应缴纳的个人所得税税额=(650 000−120 000−50 000)×20%=96 000(元)。 (3分)

(4) 外籍个人从外商投资企业取得的股息、红利所得免征个人所得税。因此,约翰取得的红利所得应缴纳的个人所得税税额为0。 (2分)